坂井清成

鏡花を語り彩る

蓑谷《みのだに》 紫陽花《あじさい》

子どもの未来社

はじめに

私と泉鏡花との出会いは、今を去る二十数年前に遡ります。私が還暦を迎えた年に、その記念の朗読会で、「湯島の境内」を語ったことがその始まりでした。その前にも、鏡花作品の指導を始めてはいたのですが、自らがお客様の前で「語り」として聴いて頂いたのはこれが最初で、その時鎌倉からはるばる駆け付けて来て下さった、ご遺族の泉名月さんから、有難いお励ましの言葉を頂きました。

その時、登場人物のお蔦という形象について、「この人は辰巳芸者のあがりなのだから伝法な口調を残している感じで話された方が……」というご助言まで頂きました。それから七十四才でお亡くなりになるまで、殆ど欠かさずお聴き頂いて参りましたが、その都度、ときにはお褒めのお言葉を、ときには有難いご助言を頂いたものでした。

「一度、先生と飲みたいわ」とおっしゃりながら、先に逝かれてしまわれたのが心残りですが、この二十年間の交わりの中で、一言「私は先生の語りを、今まで聴いた中で一番鏡花らしい読みだと思っております。」と言われたことが、今も耳に残っております。私はこのお言葉を、僭越ながら真実のものと受け止めさせて頂いて、以来それを支えに今日まで、約三十数篇、鏡花を語らせて頂いてまいりました。もとより、全作品のうちその一割にも及びませんが、若書きの「外科室」から、最も脂の乗り切った時代の「日本橋」、晩年の「縷紅新草《るこうしんそう》」まで、大体その創作の流れは大まかながら辿って来たつもりでおります。

そこで、私の主宰する学院、音声表現学苑が五十五周年を迎える記念事業として、主として、鏡花の語りを十年以上とするプロ（乃至はそれに準じる実力者）のみを集めて、その短篇二作を教材に「特別講座」を開きました。幸い、その講座は予想以上の成果を挙げることが出来ましたので、是非この記録を活字として残しておきたく思い、ここにこの小冊子を出版することに致しました。

多くの鏡花ファンの方々、語りたいと思いながら、その手だてにとまどっておられる方々に、この冊子がその道筋を照らす灯ともなれば幸いです。

◎尚この講座の記録［音声・映像］をお求めになりたい方は、ＣＤ・ＤＶＤを別途販売しておりますので、左記へお申し込み下さい。

音声表現学苑事務局
ＴＥＬ・ＦＡＸ　共通　０３（３３６６）８１６７
※郵送も可、住所は奥付をご参照下さい。

目次

鏡花を語り彩る

蓑谷 紫陽花

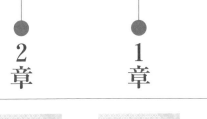

●コラム●

◎原文の定本には、『鏡花全集　巻二』「蓑谷」「紫陽花」(岩波書店発行／一九四二年九月三〇日 第一刷発行、一九八六年一〇月三日 第三刷発行)を使用しました。

◎「語りのポイント」の解説について、原文より引用の旧字体、旧仮名遣い等は必要に応じて新字体、現代仮名遣い等に変換しました。

ブックデザイン●020スタジオ
イラスト●クリエーター220（p. 57）
編集●松井玉緒
編集協力●鈴木ふみ子(音声表現学苑)

1章

蓑谷《みのだに》

蓑谷《みのだに》

見《み》るから膚《はだへ》の粟立《あはだ》ツばかり涼《すゞ》しげなる瀑《たき》に面《めん》して、背《せ》を此方《こなた》に向《む》けたるは、惟《おも》ふに彼《か》の怪《あや》しの姫《ひめ》なるべし。

蓑谷《みのだに》の螢《ほたる》には主《ぬし》ありて、みだりに人《ひと》の狩《か》るをゆるし給《たま》はず。主《ぬし》といふは美《うつく》しき女神《めがみ》にておはすよし、母《はゝ》のつねに語《かた》り給《たま》ひぬ。

谷《たに》をのぼれば丘《をか》にして、舊城《もとしろ》のありたるあとなり。下《した》は一面《いちめん》の廣野《ひろの》にて、笹川《さゝがは》といふ小川《をがは》其《その》あひだを横《よこ》ぎり流《なが》る。

はじめは其廣野《そのひろの》にて、ともだちと連《つ》れなりしが、螢一《ほたるひと》ツ追《お》ひかけて、うか〳〵と迷《まよ》ひ來《き》つ。

　野《の》に居《ゐ》たりし時《とき》ハヤ人顔《ひとがほ》の懐《なつか》しきまで黄昏《たそが》れたりしを、樹立《こだち》彌《いや》が上《うへ》に生《おひ》茂《しげ》りて、空《そら》の色《いろ》も見《み》えわかざる、谷《たに》の色《いろ》は暗《くら》かりき。地《つち》も、岩《いは》も、木《き》も草《くさ》も、冷《つめた》き水《みづ》の匂《にほ》ひして、肩胸《かたむね》のあたり打《うち》しめり、身《み》を動《うご》かす毎《ごと》にかさ〳〵と鳴《な》るは、幾年《いくとせ》か積《つも》れる朽葉《くちば》の、なほ土《つち》にもならであるなり。

　瀑《たき》は樹《き》と樹《き》の茂《しげ》り累《かさ》なる梢《こずゑ》より落《お》つと見《み》えぬ。半《なか》ばより岩《いは》にかゝりて三《さん》段《だん》になりて流《なが》る。左《ひだり》の方《かた》に小《ちひ》さき堂《だう》あり。横縦《よこたて》に蔦《つた》かづらのからみたるを、犇《ひし》と封《ふう》じて鎖《じやう》を下《おろ》せり。岩《いは》にせかるゝ瀑《たき》の雫《しづく》、颯《さつ》と其堂《そのだう》の屋根《やね》に灌《そゝ》ぎ、朽目《くちめ》を洩《も》れて、地《つち》の上《うへ》に滴《したゝ》りたり。傍《かたはら》に一尺《しやく》より二尺《しやく》までの大《おほ》きさの地藏尊《ぢざうそん》、右《みぎ》の方《かた》を頭《かしら》となし、次《つぎ》は次《つぎ》より次第《しだい》に小《ちひ》さきが、一《ひと》ならびに七體《たい》ぞ立《た》たせ給《たま》ふ。たゞ瀑《たき》のみならず、岩《いは》よりも土《つち》よりも水《みづ》ところ〳〵湧《わ》き出《い》づれば、此處彼處《こゝかしこ》に溜《たま》りたる清水《しみづ》溢《あふ》れて、小石《こいし》のあはひを枝《えだ》うちつゝ、白《しろ》き蛇《くちなは》のひらめくやう、低《ひく》きに就《つ》きて流《なが》るゝ音《おと》、ものの囁《さゝや》くに異《こと》らざるを、鬱蒼《うつさう》たる樹立《こだち》の枝《えだ》を組《く》みて、茂深《しげりふか》く包《つゝ》みたれば、きく耳《みゝ》には恰《あたか》も御《み》佛達《ほとけたち》その腹《はら》の中《なか》にて、ものをいふらむ響《ひゞき》す。

かゝる處《ところ》に、身《み》に添《そ》へる影《かげ》もなくて唯一人立《たゞひとりた》ちたる婦人《をんな》の、髪《かみ》も見馴《みな》れざる結方《ゆひかた》なり。黄昏《たそがれ》の色《いろ》と際立《きはだ》ちて、領《えり》の色白《いろしろ》くあざやかに、曙《あけぼの》の蒼《あを》き色《いろ》の、いと薄《うす》き衣着《きぬき》たまへる、ふみそろへたる足《あし》のあたりは、くらき色《いろ》に蔽《おほ》はれて、淡《あは》き煙《けぶり》、其帯《そのおび》して膨《ふく》よかなる胸《むね》を籠《こ》め、肩《かた》のあたりのさやかに見《み》えて、すらりと立《た》てる痩《やせ》がたの身丈《たけだち》よく、ならびたる七《なゝ》つの地藏《ぢざう》の最《もつと》も高《たか》きものの頭《かうべ》さへ、やうやく其胸《そのむね》に達《たつ》するのみ、これを彼《か》の女神《めがみ》ならずと誰《たれ》か見《み》るべき。

予《よ》が追來《おひきた》りたる一《ひと》ツの螢《ほたる》の、さきよりしばし木隠《こがく》れて、夕《ゆふべ》の色《いろ》に紛《まぎ》れしが、青《あを》き光《ひかり》明《あきら》かに、彼《か》の小《ちひ》さき堂《だう》の屋《や》根《ね》に顕《あらは》れつ。横《よこ》さまに低《ひく》く流《なが》るゝ如《ごと》く、地《ぢ》藏《ざう》の頤《おとがひ》のあたりを掠《かす》めて、うるはしき姫《ひめ》の後姿《うしろすがた》の背《せ》の半《なか》ばに留《とゞ》まりぬ。

「あゝ、」姫《ひめ》なる神《かみ》よ、其螢《そのほたる》たまはずやといはむとせし、其言《そのことば》いまだ口《くち》を出《い》でざるに、彼《か》の君《きみ》あわたゞしう此方《こなた》を見向《みむ》き、小《ちひ》さき予《よ》が姿《すがた》を透《すか》し見《み》ざま、驚《おどろ》きたる狀《さま》して、一足衝《ひとあしつ》とすさるとて、瀑《たき》を其頭《そのかしら》にあびたり。

左右《さいう》の肩《かた》に颯《さ》と音《おと》して、玉《たま》の簾《すだれ》ゆら〳〵とぞ全身《ぜんしん》を包《つゝ》みたる。

「螢《ほたる》、下《くだ》さいな、螢下《ほたるくだ》さいな。」

と予《よ》は恐氣《おそれげ》もなく前《まへ》に進《すゝ》みぬ。

螢《ほたる》は彼《か》の君《きみ》の脇《わき》を潛《くゞ》りて、いま袖裏《そでうら》より這《は》ひ出《い》でつゝ、徐《おもむろ》に其襟《そのえり》を這《は》ふ時《とき》、青《あを》き光《ひかり》ひた〳〵と、ぬれまとうたる衣《きぬ》を通《とほ》して、眞白《ましろ》き乳房《ちぶさ》すきて見《み》えたり。

鼻高《はなたか》う、眉《まゆ》あざやかに、雪《ゆき》の如《ごと》き顔《かんばせ》の、やゝおもながなるが、此方《こなた》を瞻《みまも》りたまへば、

「ねえ、螢一《ほたるひと》ツ下《くだ》さいな。母様《おかあさま》は然《さ》ういツたけれど。あの、神様《かみさま》が大事《だいじ》にして居《ゐ》るんだから取《と》ツちやいけないツて、さういつたけれど欲《ほし》いんだもの、一《ひと》ツ位《くらゐ》いゝでせう。」

と甘《あま》ゆる如《ごと》くいひかけつゝ、姫《ひめ》の身近《みぢか》に立寄《たちよ》るに、彼《か》の君《きみ》はなほものいはで、予《よ》が顔《かほ》を瞻《みつ》めたまふ。目《め》の色《いろ》の見《み》ゆるまで、螢《ほたる》の光《ひかり》凄《すご》く冴《さ》えたり。予《よ》は少《すこ》しく恐氣《おぢけ》立《だ》ちぬ。其姿《そのすがた》の優《やさ》しければこそ、來《きた》るまじき處《ところ》に來《き》て、神《かみ》の稜威《みいつ》を犯《をか》せしを、罪《つみ》したまはばいかにせむと、いまは其《その》あまり氣《け》高《だか》きが恐《おそろ》しくて、予《よ》は心細《こゝろぼそ》くも悲《かな》しくなりぬ。

あとへ〳〵と退《すさ》りながら、

「御免《ごめん》なさい、御免《ごめん》なさい、こんだツから來《こ》ないから。あれ、うちへ歸《かへ》し

て下《くだ》さいよう。もうもう螢《ほたる》なんか取《と》らないから、御免《ごめん》よ〳〵。」とぞわびたりける。

姫《ひめ》が顔《かほ》の色《いろ》やゝ解《と》けて、眉《まゆ》のび、唇《くちびる》ゆるみぬ。肩寒《かたさむ》げに垂《た》れたる手《て》を、たゆたげに胸《むね》のあたりに上《あ》げて、

「これかえ。」

といひながら、つまみて、掌《たなそこ》に乘《の》せたる、青《あを》きひかり裏《うら》すきて、眞白《ましろ》なる手《て》の指《ゆび》のあひだの見《み》えすくまで、太《いた》くも渠《かれ》は瘦《や》せたるかな。

「上《あ》げませうか。」

と呼《よ》びかけて、手《て》をさしのべたる、袖《そで》の下《した》に、わがからだ立寄《たちよ》る時《とき》、彼《か》の君《きみ》のぞくやうに俯向《うつむ》きたれば、はら〳〵と後毛《おくれげ》溢《こぼ》れて二度《にど》ばかり冷《ひや》ゝかなる雫《しづく》落《お》ちぬ。胸《むね》に抱緊《いだきし》められたる時《とき》は、冷《つめ》たさ骨髓《こつずゐ》にとほりつゝ、身《み》は氷《こほり》とや化《くわ》すらむと、わが手足《てあし》思《おも》はずふるひぬ。

「坊《ぼう》や、いくツだえ。」

「なゝツ」と呼吸《いき》の下《した》に答《こた》へし身《み》の、こはそもいかになることぞと、予《よ》は人心地《ひとごこち》もあらざりき。

「名《な》は。」とまた問《と》ひつゞけぬ。

予《よ》は幽《かすか》に答《こた》へ得《え》たり。

「あゝ、みねさん、みイちゃんだねえ。」

「えゝ、」

かくて予《よ》を抱《いだ》ける右《みぎ》の手《て》に力《ちから》を籠《こ》め、

「もうこんな處《ところ》へ來《く》るんぢやありません、母様《おつかさん》がお案《あん》じだらうに、はやくおかへり。」

といふはしに衝《つ》とすりぬけて身《み》をひきぬ。

「入《い》れものはあるかい、」

と姫《ひめ》は此方《こなた》に寄《よ》り添《そ》ひつゝ、予《よ》が手《て》にさげたる螢籠《ほたるかご》の小《ちひ》さき口《くち》にあてがひて、彼《か》の螢《ほたる》を入《い》れむとして、輕《かろ》くいきかけて吹《ふ》き込《こ》みしが、空《そら》へそれて、潑《ぱつ》と立《た》ちて、梢《こずゑ》を籠《こ》めて螢《ほたる》は飛《と》びたり。

「あれ、」

と空《そら》を見上《みあ》げたる、ぬれ髮《がみ》は背《せ》にあふりて、兩《りやう》の肩《かた》に亂《みだ》れかゝりぬ。

「取《と》つても可《い》いかい、取《と》つても可《い》いんなら私《わたい》がとらうや。」

笹《さゝ》の葉《は》一束結附《ひとたばゆひつ》けたる竹棹《たけざを》を持《も》ちたれば、直《すぐ》に瀑《たき》におし浸《ひた》して、空《そら》ざまに打掉《うちふ》るにぞ、小雨《こさめ》の如《ごと》くはら〳〵と葉末《はずゑ》を鳴《なら》して打散《うちち》りたる、螢《ほたる》は岩陰《いはかげ》にかくれ去《さ》りき。

やがて地藏《ぢざう》の肩《かた》に見《み》えぬ。枝《えだ》のあたりをすいと飛《と》びたり。また葉裏《はうら》をぞつたひたる。小石《こいし》の際《きは》よりぱつと立《た》ちぬ。つと瀑《たき》を横《よこ》ぎり行《ゆ》く。蒼《あを》き光《ひかり》の見《み》えがくれに、姫《ひめ》は予《よ》が前後《まへうしろ》、また右左《みぎひだり》に附添《つきそ》ひつ。

予《よ》はたゞ螢《ほたる》を捕《と》らむとばかり、棹《さを》を打《うち》ふり〳〵て足《あし》の浮《う》くまであくがれたる、あたり忽《たちま》ち月夜《つきよ》となりぬ。

唯《と》見《み》れば舊《もと》の廣野《ひろの》なりき。螢狩《ほたるがり》の人幾群《ひといくむれ》か、わがつれも五七人《にん》、先刻《さき》には居《ゐ》たりし川《かは》も見《み》ゆれど、何時《いつ》の間《ま》にか歸《かへ》りけむ、影一《かげひと》つもあらざりき。あたりはひろ〳〵と果見《はてみ》えず、草茫々《くさばう〳〵》と生茂《おひしげ》れる、野末《のずゑ》には靄《もや》を籠《こ》めて、笠岡山朧氣《かさをかやまおぼろげ》なりし。

上《うへ》の丘《をか》と下《した》なる原《はら》とには、年長《とした》けてのち屢々《しば〳〵》行《ゆ》けど、瀑《たき》の音《おと》のみ聞《き》きて過《す》ぎつ。われのみならず、蓑谷《みのだに》は恐《おそろ》しき魔所《ましよ》なりとて、其一叢《そのひとむら》の森《もり》のなかは差覗《さしのぞ》く者《もの》もあらざるよし。優《やさ》しく、貴《たふと》く美《うつく》しき姫《ひめ》のおもかげ瞳《め》につきて、今《いま》もなつかしき心地《こゝち》ぞする。

●コラム●

「語り」を歴史からみる

昔、「語り芸」というものがありました。仏さまの教えを七五調のことばにして、お坊さんが節にのせて説いた「節《ふし》談説教」が始まりだそうです。これが「話芸」として発展し、「祭文《さいもん》」「浪花節」となっていきました。

一方、庶民の間には、村のお百姓の家を一軒一軒廻り歩いて芸をしてお金をもらう「話芸」が生まれました。断片的なことばだったものが次第に物語り的になり、これに琵琶の演奏が伴って、あの「平家物語」を語る「平曲」にも発展しました。平曲は主に寺門や辻で語られました。

また、辻を舞台にした「辻説法」は、のちに「講釈」「講談」となり、商業性と結びついて「がまの油売り」のような大道芸にもなりました。ことばの芸に軽妙さが加わり、「落とし噺」（落語）にも発展しました。

これらの「語り」はいずれも、人の心を揺さぶる声の劇《はげ》しさ、感動させる要素を含む点で、共通しています。「語り」の大切な部分です。

蓑《みの》谷《だに》

※（　）の箇所は省略されていると思われる部分

【原文】

見《み》るから膚《はだへ》の粟立《あはだ》ツばかり涼《すゞ》しげなる瀑《たき》に面《めん》して、背《せ》を此方《こなた》に向《む》けたるは、惟《おも》ふに彼《か》の怪《あや》しの姫《ひめ》なるべし。

蓑谷《みのだに》の螢《ほたる》には主《ぬし》ありて、みだりに人《ひと》の狩《か》るをゆるし給《たま》はず。主《ぬし》といふ

【現代語訳】

見るだけで肌にとりはだが立つように涼しそうな滝に向かって、背をこちらに向けて後ろ向きに立っているのは、きっとあの怪しい（不思議な）お姫様にちがいない。

蓑谷の蛍には持ち主がいらっしゃって、勝手に人がとるのをお許しにならな

は美《うつく》しき女神《めがみ》にておはすよし、母《はゝ》のつねに語《かた》り給《たま》ひぬ。

谷《たに》をのぼれば丘《をか》にして、舊城《もとしろ》のありたるあとなり。下《した》は一面《いちめん》の廣野《ひろの》にて、笹川《さゝがは》といふ小川《をがは》其《その》あひだを横《よこ》ぎり流《なが》る。

はじめは其廣野《そのひろの》にて、ともだちと連《つ》れなりしが、螢一《ほたるひと》ツ追《お》ひかけ

い。その持ち主というのは美しい女神でいらっしゃるのよと、お母さまがいつもおっしゃっていた。（それがこのお姫様なのだろう。）

谷をのぼればそこは丘になっていて、もと城のあったあたりである。その下は一面の広い野原で、笹川という小川がそこを横切って流れている。

はじめはその野原で友だちと一緒だったのだが、（自分は）一匹の蛍を追いか

て、うか〱と迷《まよ》ひ來《き》つ。

野《の》に居《ゐ》たりし時《とき》ハヤ人顔《ひとがほ》の懐《なつか》しきまで黄昏《たそが》れたりしを、樹立彌《こだちいや》が上《うへ》に生茂《おひしげ》りて、空《そら》の色《いろ》も見《み》えわかざる、谷《たに》の色《いろ》は暗《くら》かりき。

【原文】

【現代語訳】

けて、気がついたら森の中へ迷い込んでしまっていた。

野原にいたとき、もうすでに人の顔の見えぬようになるまで日は暮れていたのだが、（この森の中は）木立が折り重なって茂っているので、空の色などは（もちろん）見分けることなどは出来ない。谷は一面真っ暗である。

地《つち》も、岩《いは》も、木《き》も草《くさ》も、冷《つめた》き水《みづ》の匂《にほ》ひして、肩胸《かたむね》のあたり打《うち》しめり、身《み》を動《うご》かす毎《ごと》にかさ〳〵と鳴《な》るは、幾年《いくとせ》か積《つも》れる朽葉《くちば》の、なほ土《つち》にもならであるなり。

瀑《たき》は樹《き》と樹《き》の茂《しげ》り累《かさ》なる梢《こずゑ》より落《お》つと見《み》えぬ。半《なか》ばより岩《いは》にかゝりて三段《さんだん》になりて流《なが》る。左《ひだり》の方《かた》に小《ちひ》さき

地面も岩も、木も草も（何やら）冷たい水の匂いがして、肩や胸のあたりにしめりけが伝わって、身体を動かす度に足もとでかさかさと音がするのは、（足で踏みつけている）何年も降り積もって朽ちた落ち葉が、まだ土にならないであるのだろう。【土になりかけているのだろう〜。】

滝は木と木の茂り重なったそのてっぺんから落ちてくるようだ。そのまん中あたりから岩に降りかかって三段になって

【原文】

堂《だう》あり。横縦《よこたて》に蔦《つた》かづらのからみたるを、犇《ひし》と封《ふう》じて鎖《じやう》を下《おろ》せり。岩《いは》にせかるゝ瀑《たき》の雫《しづく》、颯《さつ》と其堂《そのだう》の屋根《やね》に灌《そゝ》ぎ、朽目《くちめ》を洩《も》れて、地《つち》の上《うへ》に滴《したゝ》りたり。傍《かたはら》に一尺《しやく》より二尺《しやく》までの大《おほ》きさの地藏尊《ぢざうそん》、右《みぎ》の方《かた》を頭《かしら》となし、次《つぎ》は次《つぎ》より次第《しだい》に小《ちひ》さきが、一《ひと》ならびに七體《たい》ぞ立《た》たせ給《たま》ふ。たゞ瀑《たき》のみならず、岩《いは》よりも土《つち》よりも水《みづ》ところ〴〵湧《わ》き出《い》づれば、此處《こゝ》彼處《かしこ》に溜《たま》りたる清水《しみづ》溢《あふ》れて、小石《こいし》のあはひを枝《えだ》うちつゝ、白《しろ》き蛇《くちなは》のひらめくやう、低《ひく》きに就《つ》きて流《なが》るゝ音《おと》、ものの囁《さゝや》く

【現代語訳】

流れている。

左の方に小さなお堂がある。縦横に蔦《つた》かずらがからんでいる（その扉は）、しっかりと閉まっていて錠がおりている。岩をすべり落ちる滝の雫は、さっとそのお堂の屋根に降りかかり、（屋根の）朽ちたすき間を通って地面の上に滴《したた》り落ちている。その傍に、低いのは一尺から、高いのは二尺までのお地蔵さんが、一番高いのを右側に、それから低いのまで、

に異《ことな》らざるを、鬱蒼《うつさう》たる樹立《こだち》の枝《えだ》を組《く》みて、茂深《しげりふか》く包《つゝ》みたれば、きく耳《みゝ》には恰《あたか》も御佛達《みほとけたち》その腹《はら》の中《なか》にて、ものをいふらむ響《ひゞき》す。

順に七体お立ちになっている。

ただ滝だけではなく、岩からも土からも水はところどころ湧き出ているので、あちらこちらに溜まっている清水が溢《あふ》れて、小石の間を白い蛇のうねるように低い方に向かって流れる音は、ちょうど何かがささやいているように聴こえるのだが、うっそうとした木立が枝を組んで深く（その上を）包んでいるので、（その音がこもって）まるで地蔵たちが腹の中で話をしているように聴こえるのである。

【原文】

かゝる處《ところ》に、身《み》に添《そ》へる影《かげ》もなくて唯一人《たゞひとり》立《た》ちたる婦人《をんな》の、髪《かみ》も見馴《みな》れざる結方《ゆひかた》なり。黄昏《たそがれ》の色《いろ》と際立《きはだ》ちて、領《えり》の色白《いろしろ》くあざやかに、曙《あけぼの》の蒼《あを》き色《いろ》の、いと薄《うす》き衣《きぬ》着《き》たまへる、ふみそろへたる足《あし》のあたりは、くらき色《いろ》に蔽《おほ》はれて、淡《あは》き煙《けぶり》、其帯《そのおび》して膨《ふくよ》かなる胸《むね》を籠《こ》め、肩《かた》のあたりのさやかに見《み》えて、すらりと立《た》てる痩《やせ》がたの身丈《たけだち》よく、ならびたる七《なゝ》つの地藏《ぢざう》の最《もつと》も高《たか》きものの頭《かうべ》さへ、やうやく其胸《そのむね》に達《たつ》するのみ、これを彼《か》の女神《めがみ》ならずと誰《たれ》か見《み》るべき。

【現代語訳】

このような（気味の悪い）処《ところ》に、供《とも》もつれず唯《ただ》一人立っている女の人の（後ろ姿）は髪も珍しい結い方だ。（まわりの）たそがれの色に目立ってえりの色の白さはあざやかに見え、曙《あけぼの》の色のような青い色の大変薄い布地の着物を着ていらっしゃる。踏み揃《そろ》えた足のあたりは暗い色におおわれて（良《よ》く見えないし）、もやっとした煙のようなものが、その帯をしているふっくらとした胸のあたりにただよ

予《よ》が追來《おひきた》りたる一《ひと》ツの螢《ほたる》の、さきよりしばし木隠《こがく》れて、夕《ゆふべ》の色《いろ》に紛《まぎ》れしが、青《あを》き光《ひかり》明《あきら》かに、彼《か》の小《ちひ》さき

って、（また）肩のあたりははっきりと見えて、すらりと立っているやせがたの背の高さは、並んでいる七体のお地蔵さんの一番高いものの頭さえようやくその胸に届くかと思われるようである。この人をあの（お母さんのおっしゃった）女神でないと誰が見るだろう。

【女神にちがいない】

　私が追ってきた一匹の蛍が、さっきからしばらく木の中に隠れて、夕方の光の中にまぎれてしまっていたのだが、（こ

【原文】

堂《だう》の屋根《やね》に顕《あらは》れつ。横《よこ》さまに低《ひく》く流《なが》るゝ如《ごと》く、地蔵《ぢざう》の頤《おとがひ》のあたりを掠《かす》めて、うるはしき姫《ひめ》の後姿《うしろすがた》の背《せ》の半《なか》ばに留《とゞ》まりぬ。

「あゝ、」姫《ひめ》なる神《かみ》よ、其螢《そのほたる》たまはずやといはむとせし、其言《そのことば》いまだ口《くち》を出《い》でざるに、彼《か》の君《きみ》あわたゞしう此方《こなた》を見向《みむ》き、小《ちひ》さき予《よ》が姿《すがた》を透《すか》し見《み》ざま、驚《おどろ》きたる状《さま》して、一足《ひとあし》衝《つ》

【現代語訳】

のとき、その）青い光がはっきりと、小さい堂の屋根にみえた。横に低く飛んだかと思うと、地蔵のあごのあたりをかすめて、美しい姫さまの後ろ姿の背中のまん中あたりにとまったのだ。

「ああ」姫神さま、その蛍下さいなといおうとして、そのことばがまだ口を出ないうちに、その方はあわててこちらを向くと、私の小さい姿をすかし見たとたん

とするとて、瀑《たき》を其頭《そのかしら》にあびたり。

左右《さいう》の肩《かた》に颯《さ》と音《おと》して、玉《たま》の簾《すだれ》ゆら〳〵とぞ全身《ぜんしん》を包《つゝ》みたる。

「螢《ほたる》、下《くだ》さいな、螢下《ほたるくだ》さいな。」

と予《よ》は恐氣《おそれげ》もなく前《まへ》に進《すゝ》みぬ。

螢《ほたる》は彼《か》の君《きみ》の脇《わき》を潜《くゞ》りて、いま袖《そで》裏《うら》より這《は》ひ出《い》でつゝ、徐《おもむろ》に其襟《そのえり》を這《は》

に、驚いたようすで一足後へ下がったものだから、滝を頭からあびてしまった。

左右の肩にさっと音がして、その玉のすだれのような（水しぶきは）ゆらゆらと全身に落ちかかった。

「蛍下さいな、蛍下さいな。」

と私は恐れる風もなく前へ進んだ。

（蛍は姫の脇の）下を潜《くぐ》っていま袖裏から這い出した（と見ているうちに）その

【原文】

ふ時《とき》、青《あを》き光《ひかり》ひた〳〵と、ぬれまとうたる衣《きぬ》を通《とほ》して、眞白《ましろ》き乳房《ちぶさ》すきて見《み》えたり。

鼻高《はなたか》う、眉《まゆ》あざやかに、雪《ゆき》の如《ごと》き顔《かんばせ》の、やゝおもながなるが、此方《こなた》を瞻《みまも》りたまへば、

「ねえ、螢一《ほたるひと》ツ下《くだ》さいな。母様《おかあさま》は然《さ》ういツたけれど。あの、神様《かみさま》が大《だい》事《じ》にして居《ゐ》るんだから取《と》ツちやいけないツて、さういつたけれど欲《ほし》いんだもの、一《ひと》ツ位《くらゐ》いゝでせう。」

【現代語訳】

襟《えり》を這《は》うとき、青い光は、そのぬれまとっている着物をすかして真白な乳房がすきとおってみえた。

（そしてその蛍の光に照らし出された）鼻は高く、眉もはっきりとした、雪のように白いその面長なお顔がこっちをお見つめになったので「ねえ、蛍一つ下さいな。お母さまはそういったけれど、あの、神様が大事にしているんだから取っ

と甘《あま》ゆる如《ごと》くいひかけつゝ、姫《ひめ》の身近《みぢか》に立寄《たちよ》るに、彼《か》の君《きみ》はなほものいはで、予《よ》が顔《かほ》を瞻《みつ》めたまふ。目《め》の色《いろ》の見《み》ゆるまで、螢《ほたる》の光《ひかり》凄《すご》く冴《さ》えたり。予《よ》は少《すこ》しく恐氣《おぢけ》立《だ》ちぬ。其《その》姿《すがた》の優《やさ》しければこそ、來《きた》るまじき處《ところ》に來《き》て、神《かみ》の稜威《みいつ》を犯《をか》せしを、罪《つみ》したまはばいかにせむと、いまは其《その》あまり氣高《けだか》きが恐《おそろ》しくて、予《よ》は心細《こゝろぼそ》くも悲《かな》しくなりぬ。

ちゃいけないって、そういったけれど、（僕）ほしいんだもの、一つくらい、いいでしょう。」と甘えるようにいいかけながら、お姫さまの身近に近付いてゆくと、お姫さまはなおも黙ったまま、私の顔を見つめていらっしゃる。（その）目の色が見えるまで蛍の光は凄く冴えている。【蛍の光に照らされてその目はきらきらと輝いている。】私は少し恐ろしくなった。

　そのお姿の優しいことが、（かえって）神さまの御威光【お住まいになっている

【原文】

あと〳〵と退《すさ》りながら、「御免《ごめん》なさい、御免《ごめん》なさい、こんだッから來《こ》ないから。あれ、うちへ歸《かへ》して下《くだ》さいよう。もうもう螢《ほたる》なんか取《と》らないから、御免《ごめん》よ〳〵。」とぞわびたりける。

【現代語訳】

神聖な場所】を犯したことに罰をおあてになったらどうしようと、いまはそのあまりに気高いお姿が恐ろしくて、私は（急に）心ぼそく悲しくなってしまった。

後へ後へと下がりながら、

「ごめんなさい、ごめんなさい、こんだッから【今度から】来ないから。あれ、うちへ帰して下さいよう。もうもう蛍なんか取らないから、ごめんよごめんよ。」

姫《ひめ》が顔《かほ》の色《いろ》やゝ解《と》けて、眉《まゆ》のび、唇《くちびる》ゆるみぬ。肩寒《かたさむ》げに垂《た》れたる手《て》を、たゆたげに胸《むね》のあたりに上《あ》げて、

「これかえ。」

といひながら、つまみて、掌《たなそこ》に乗《の》せたる、青《あを》きひかり裏《うら》すきて、眞白《ましろ》なる手《て》の指《ゆび》のあひだの見《み》えすくまで、太《いた》くも渠《かれ》は痩《や》せたるかな。


とあやまったのである。

お姫さまの顔のけわしさは少しやわらかくなって、（眉間によせていた）眉ものび、（かみしめていた）唇もゆるんだ。肩から寒そうに垂らしていた手をゆっくりと胸のあたりに上げて、

「これかい」

といいながら（蛍を）つまんで手のひらに乗せたので、その青い光に照らされて、真白な手の指の間がすいて見えるほど、いたいたしいばかりにこの人はやせ

【原文】

「上《あ》げませうか。」
と呼《よ》びかけて、手《て》をさしのべたる、袖《そで》の下《した》に、わがからだ立寄《たちよ》る時《とき》、彼《か》の君《きみ》のぞくやうに俯向《うつむ》きたれば、はら〳〵と後毛《おくれげ》溢《こぼ》れて二度《にど》ばかり冷《ひやゝ》かなる雫《しづく》落《お》ちぬ。胸《むね》に抱緊《いだきし》められたる時《とき》は、冷《つめ》たさ骨髄《こつずゐ》にとほりつゝ、身《み》は氷《こほり》とや化《くわ》すらむと、わが手足《てあし》思《おも》はずふるひぬ。

ているように見える。

【現代語訳】

「上げましょうか。」
と呼びかけて手をさしのべたその袖《そで》の下に私が近寄った時、お姫さまはのぞくように俯《うつむ》かれたので、はらはらとその髪の毛（に付いていた水滴が）こぼれて、二度ばかり冷たい雫が落ちた。胸に強く抱きしめられた時は、その冷たさが骨にまで染み透って、身体がまるで氷になっ

「坊《ぼう》や、いくツだえ。」

「なゝツ」と呼吸《いき》の下《した》に答《こた》へし身の、こはそもいかになることぞと、予《よ》は人心地《ひとごこち》もあらざりき。

「名《な》は。」とまた問《と》ひつゞけぬ。予《よ》は幽《かすか》に答《こた》へ得《え》たり。

「あゝ、みねさん、みイちゃんだねえ。」

「えゝ、」

かくて予《よ》を抱《いだ》ける右《みぎ》の手《て》に力《ちから》を籠《こ》め、

「もうこんな處《ところ》へ來《く》るんぢやありま

てしまうのではないかと、私の手足は思わず震えた。

「坊や、いくつなの。」

「ななつ」とかすかに答えた、私は、これはどうなってしまうのだろうかと、人心地もなかった。【平常の心ではいられなかった。気を失いそうな気持になった。】

「名は。」とまた続けておききになった。私はやっと答えることが出来た。

「ああ、みねさん、みィちゃんだねえ。

【原文】

せん、母様《おつかさん》がお案《あん》じだらうに、はやくおかへり。」といふはしに銜《つ》とすりぬけて身《み》をひきぬ。

【現代語訳】

【可愛いからみィちゃんと呼ばれているんでしょう。或いは、私はみィちゃんと呼びたいわ。】」

「ええ、」（私は答えた。）

姫は私を抱く手に力をこめると、

「もうこんな処《ところ》へ来るんじゃありません、お母さんが心配していらっしゃるだろうに、早くお帰りなさい」といって（力をおゆるめになった）すきに、私はさっとすりぬけて身を引いた。【そこか

「入《い》れものはあるかい、」
と姫《ひめ》は此方《こなた》に寄《よ》り添《そ》ひつゝ、予《よ》が手《て》にさげたる螢籠《ほたるかご》の小《ちひ》さき口《くち》にあてがひて、彼《か》の螢《ほたる》を入《い》れむとして、輕《かろ》くいきかけて吹《ふ》き込《こ》みしが、空《そら》へそれて、潑《ぱつ》と立《た》ちて、梢《こずゑ》を籠《こ》めて螢《ほたる》は飛《と》びたり。

ら逃れた。】
「入れものはあるかい、」
とお姫さまは私の方に近寄ると、私の手にさげていた蛍籠の小さい口に（掌《てのひら》を）あてて、蛍を入れようとして、軽く息をかけて（蛍を籠の中に）吹き込もうとなさったが、（その息は）脇へそれて、（蛍はパッと空の方へ）飛び立ち、高い梢《こずえ》の方へ蛍は飛んで行ってしまった。

【原文】

「あれ、」

と空《そら》を見上《みあ》げたる、ぬれ髪《がみ》は背《せ》にあふりて、兩《りやう》の肩《かた》に亂《みだ》れかゝりぬ。

「取《と》つても可《い》いかい、取《と》つても可《い》いんなら私《わたい》がとらうや。」

笹《さゝ》の葉《は》一束《ひとたば》結附《ゆひつ》けたる竹棹《たけざを》を持《も》ちたれば、直《すぐ》に瀑《たき》におし浸《ひた》して、空《そら》ざまに打掉《うちふ》るにぞ、小雨《こさめ》の如《ごと》くはら〳〵と葉末《はずゑ》を鳴《なら》して打散《うちち》りたる、螢《ほたる》は岩陰《いはかげ》にかくれ去《さ》りき。

【現代語訳】

「あれ、」と（思わずお姫さまは）空を見上げた（はずみに）ぬれた髪は背中に小刻みに波を打って両肩に乱れかかった。

（私）「取ってもいいのかい、（そんなら）僕がとるよ。」

笹の葉を一束結びつけた竹棹を持っていたので、（それを）すぐに滝につけると、やみくもに振りまわしたものだから、（まるで）小雨のようにはらはらと

やがて地蔵《ぢざう》の肩《かた》に見《み》えぬ。枝《えだ》のあたりをすいと飛《と》びたり。また葉裏《はうら》をぞつたひたる。小石《こいし》の際《きは》よりぱつと立《た》ちぬ。つと瀑《たき》を横《よこ》ぎり行《ゆ》く。蒼《あを》き光《ひかり》の見《み》えがくれに、姫《ひめ》は予《よ》が前後《まへうしろ》、また右左《みぎひだり》に附添《つきそ》ひつ。

（そのしずくは）葉っぱの上へ振りかかり、（それに驚いて）蛍は岩陰にかくれてしまった。

やがて地蔵の肩に現れた。（と見ると）枝のあたりをすいと飛んだ。（かと思ったら）また葉裏を伝っているのが見えた。（と思ったら）小石のところからぱっと飛び立った。（また）滝を横切って飛んで行く。その光が見えたりかくれたりするのを（夢中で追いかける私について）お姫さまは私の前になり後ろにな

【原文】

予《よ》はたゞ螢《ほたる》を捕《と》らむとばかり、棹《さを》を打《うち》ふり〳〵て足《あし》の浮《う》くまであくがれたる、あたり忽《たちま》ち月夜《つきよ》となりぬ。

【現代語訳】

り、また右に左につきそって（一緒におり、駆けまわりになった）。

私はただ蛍を掴《つか》まえたい一心で棹を振りまわし、振りまわし、足が浮き上がるぐらい（夢中になって）追いかけているうちに、まわりに月が照っているのを感じた。

【いつの間にか、森を出てしまっていたのに気がついた。】

唯見《とみ》れば舊《もと》の廣野《ひろの》なりき。螢狩《ほたるがり》の人幾群《ひといくむれ》か、わがつれも五七人《にん》、先《さ》刻《き》には居《ゐ》たりし川《かは》も見《み》ゆれど、何時《いつ》の間《ま》にか歸《かへ》りけむ、影一《かげひと》つもあらざりき。あたりはひろ〴〵と果《はて》見《み》えず、草茫々《くさばう〳〵》と生茂《おひしげ》れる、野末《のずゑ》には靄《もや》を籠《こ》めて、笠岡山《かさをかやま》朧氣《おぼろげ》なりし。

ふと気がついてまわりを見まわしてみたら（そこは）もとの廣野《ひろの》だった。蛍狩りの人も数十人、私の友達も数人ほどさっきは居《い》た川も見えているのに、何時のまに帰ってしまったのか、一人も居なくなってしまっている。あたりはその果てが見えないほど広々としていて、草のぼうぼう茂っている野末にはもやが立ちこめて、（はるか遠くに見える）笠岡山《かさおかやま》がおぼろげにかすんでいるだけである。

【原文】

上《うへ》の丘《をか》と下《した》なる原《はら》とには、年長《とした》けてのち屢々《しばしば》行《ゆ》けど、瀑《たき》の音《おと》のみ聞《き》きて過《す》ぎつ。われのみならず、蓑谷《みのだに》は恐《おそろ》しき魔所《ましよ》なりとて、其一叢《そのひとむら》の森《もり》のなかは差覗《さしのぞ》く者《もの》もあらざるよし。優《やさ》しく、貴《たふと》く美《うつく》しき姫《ひめ》のおもかげ瞳《め》につきて、今《いま》もなつかしき心地《こゝち》ぞする。

【現代語訳】

上の丘と下にある原っぱとには（年月がたって私が）大きくなってから時々行くことはあったけれど、滝の音だけ聞いて通り過ぎてしまった。私だけではなく、蓑谷《みのだに》は恐ろしい魔の住む所だといって、そのうっそうとした森の中はのぞき込む者もいなかったようだ。

優しく貴く美しいお姫さまの面影は（今でも）思い出されて、なつかしい気持ちがするのである。

●コラム●

小学校時の「音読」の癖

皆さんは小学校（低学年）の国語の時間に、まず先生が教科書の一節を声を出して読んだあとに、クラス皆で声を揃えて同じ一節を読み、それを繰り返すという「音読」の授業を受けた記憶はありませんか？

この授業は、いわゆる発声、発音指導を第一とし、正しい口の開け方、声の出し方、それからもっと進んでは意味に従っての文節の区切りを指導するという、音声表現の基礎を形作る重要なものです。

しかし、これには「伝達意識」が欠けています。伝達意識をもって読まなければならない段階になってもその読み方、いわゆる「フシつけ読み」が残ってしまうと、大人になってからも活字を読むときにその癖に引きずられがちです。

「朗読」や「語り」は、まずその癖から離れ、普通に話すときのように、自然に、「伝えること」に集中することが大切になります。

語りのポイント…「蓑谷《みのだに》」

さて、これから愈々《いよいよ》実際の読みにかかりましょう。その前に、まず作品の構成を考えてみることが大切です。つまり、家を建てる場合に、土台と骨組みがしっかりとしていなければならないように、作品にもしっかりした組立てがあり、読み手はこれをまず捉えることによって、その作品の展開と流れを理解することが出来るのです。

それはまず、文章を細分化することから始まりますが、その目安となるものが段落です。段落とは、文章の区切りを表わすために、行の始まりを一字下げて記すやり方ですが、「蓑谷」の場合は、作品の展開と流れを理解する基礎として二十五の段落に分けます。この小部分はその流れによって幾つかにまとめることが出来、私はこれを十に分けたいと思います。

昔から小説や戯曲の構成を考える場合に、起承転結という考え方があります。これは古来、漢詩の定型となるもので、起句で唱い起こし、承句がこれを受け、転句で趣きを転じ、結句で結ぶという構成となっていますが、小説や戯曲ではこの三番目の転の部分がいわゆるヤマ場、つまりクライマックスとなります。
それを「蓑谷」の場合に示すと、次のようにまとめられるでしょう。

起の部　第一の区切り　段落①②
　　　　第二の区切り　段落③〜⑦
　　　　第三の区切り　段落⑧
承の部　第四の区切り　段落⑨〜⑫
　　　　第五の区切り　段落⑬〜⑮
　　　　第六の区切り　段落⑯〜⑱
転の部　第七の区切り　段落⑲⑳
　　　　第八の区切り　段落㉑〜㉓
　　　　第九の区切り　段落㉔
結の部　第十の区切り　段落㉕

以下、区切りごとにその大意を解説し、段落ごとの音声表現の要点を、なるべく詳しく説明して行くことにしましょう。

まず起の部分を私は三つに分けてみました。区切り二つ目迄《まで》は、自分（少年）が友達からはぐれて蛍を追いかけているうちに、一人森に迷い込んで、かねて母から教えられていた女神を発見するところですが、作者はここでこの女神を囲むまわりの空気や情景を細かく描写しています。これはこの後に述べる「紫陽花《あじさい》」においてもそうですが、鏡花は、物語りの主題をよりはっきりさせ、それを支えるために、その環境描写に心を注いだ作家なのです。

ここでは、うっそうとした森の暗さ、ひんやりとした空気、不気味に静まり返ったお堂、七体の仏像、さらには小流れの音が枝の繁みに込められて、仏達のささやきかと思われるというような細工まで使って、不気味さをいやが上にも強調しようとしているのです。ですから、読み手はこの部分に特に神経を使って、特に丹念に表現しなければなりません。

そして三つ目に移るわけですが、ここでは姫の後ろ姿がたっぷりと描かれています。この描写が後ろ姿であることをしっかりと読み取ることが大切です。そして、これがあくまでも小さな（背の低い）少年の、下から仰ぎ見た姿であることを忘れてはなりません。

次に承の部分に入りますが、少年が追いかけて来た蛍を堂の屋根に発見し、それが横に飛んで姫の背中にとまったのを見て、声をかけようとし、そのけはいに気付いて姫が驚いて、後へ退《ひ》いたはずみに滝を背中から浴び、少年が夢中で声をかける。ここで初めて姫は少年と顔を見合わせることになります。

その顔を見ているうちに少年は恐ろしくなり、謝って帰ろうとするのですが、姫はその少年に蛍を与えようとする。喜んで寄って行った少年を姫はかき抱いてさとすのですが、その身体の冷たさに驚いた少年は一刻も早く逃げて帰ろうとするのです。作者はこのあたりの少年の一喜一憂を克明に描写しているので、読み手はその心の動きを充分に自分の心として受け止め、主観的に語るべきでしょう。

そして転の部に入りますが、ここを私がなぜ転と考えたかといいますと、少年の心が不安から喜びに変わったところだからです。一旦逃げて帰ろうとした少年が、姫の「入れものはあるかい」ということばで嬉しそうに引き返し籠をさしだす。その籠に姫は蛍を吹き込もうとして失敗し、蛍は飛び立ってしまう。少年は本気になってそれを追い掛け、姫も無邪気にそれに従って、夢中になって蛍を追い掛ける二人の姿が描かれる…というクライマックスへとつながります。

最後に結の部ですが、これがさっきお話しした見解の分かれるところで、段落でいえば㉔の我に返った部分を結の始まりとする考えもあるでしょうが、私はこれをあく迄《まで》も物語の結末と考えて、転の終りと考えたいのです。そして結はそれから時が経ってから、即ち少年が成人してからの回想で、これがこの作品のしめくくりとなっているというわけです。

以上がこの作品を起承転結に割った上に、私見でそれを更に十に細分して、全体の流れを見てきたわけですが、では愈々《いよいよ》更に細かく、今度は二十五の段落の各々について、その実際の読みを考えて行きましょう。

判りやすいように、片側の頁に文章を段落ごとに分けて記し、その片側の頁にその部分の読みを解説しました。両頁を照応しながら読み進めて行ってください。

語り…「叙述部」の意味

●コラム●

「語り」は「朗読」と何が違うのでしょうか？　その一つは「叙述部」の扱いにあると思います。

「叙述部」とは、いわゆる「地の文」と呼ばれる部分のことです。朗読の際、声を落として無表情になってしまう部分です。「朗読」の場合はこれでも許されるでしょうが、「語り」においては、この部分こそが重要で、読み手はその表現に神経を使わなければなりません。そこで私は、この部分を「叙述部」と呼ぶことにしたのです。

呼吸の調整、声の修練（発音・共鳴）の確かさ、発音（調音）・発語の確かさ、自然なイントネーション等々の技術を身につけるだけでは「語り」になりません。そこに心（魂）が込められて初めて、「語り」が完成します。そして、「叙述部」の表現こそが、「語り」にたずさわる者の一生追求していかなければならぬもの、と私は考えています。

蓑谷

原文

※①、②などの丸付き数字は語りのポイントで説明した段落を示す。

①見《み》るから膚《はだへ》の粟立《あはだ》ツばかり涼《すゞ》しげなる瀑《たき》に面《めん》して、背《せ》を此方《こなた》に向《む》けたるは、惟《おも》ふに彼《か》の怪《あや》しの姫《ひめ》なるべし。

②蓑谷《みのだに》の螢《ほたる》には主《ぬし》ありて、みだりに人《ひと》の狩《か》るをゆるし給《たま》はず。主《ぬし》といふは美《うつく》しき女神《めがみ》にておはすよし、母《はゝ》のつねに語《かた》り給《たま》ひぬ。

③谷《たに》をのぼれば丘《をか》にして、舊城《もとしろ》のありたるあとなり。下《した》は一《いち》面《めん》の廣野《ひろの》にて、笹川《さゝがは》といふ小川《をがは》其《その》あひだを横《よこ》ぎり流《なが》る。

〈50ページへ続く〉

解説

①　この語り出しは出来るだけ高くはいりましょう。「見るから」の【ミ┐ル】の頭高のアクセントを思い切り強調することにより。滝が上から勢いよく流れる有様を感じさせることになります（こういう処が語りならではの表現です）。逆に「惟《おも》ふに」は、声をぐっと内に退《ひ》いて、少年の思いを表わします。

②　この母親のことばは、声を変える必要はありませんが、「語り給ひぬ」で、少年のやや緊張した心を表わしたいものです。

③　ここで情景をしっかりと説明しましょう。「舊城《もとしろ》」は、「古い城」という解釈もあるでしょうが、ここは「元・城」としておきます。

〈51ページへ続く〉

原文

④

はじめは其廣野《そのひろの》にて、ともだちと連《つ》れなりしが、螢一《ほたるひと》ツ追《お》ひかけて、うか〳〵と迷《まよ》ひ來《き》つ。

⑤

野《の》に居《ゐ》たりし時《とき》ハヤ人顔《ひとがほ》の懐《なつか》しきまで黄昏《たそが》れたりしを、樹《こ》立彌《だちいや》が上《うへ》に生茂《おひしげ》りて、空《そら》の色《いろ》も見《み》えわかざる、谷《たに》の色《いろ》は暗《くら》かりき。

⑥

地《つち》も、岩《いは》も、木《き》も草《くさ》も、冷《つめた》き水《みづ》の匂《にほ》ひして、肩胸《かたむね》のあたり打《うち》しめり、身《み》を動《うご》かす毎《ごと》にかさ〳〵と鳴《な》るは、幾年《いくとせ》か積《つも》れる朽葉《くちば》の、なほ土《つち》にもならであるなり。

〈52ページへ続く〉

解説

④「迷い来つ」の「つ」が消えないように。このような語尾は無声化*しがちなので、注意を要します。

［用語解説］
無声化…無声拍（キki・クkɯ・シʃi・スsɯ・チtʃi・ツtsɯなど）を語尾とする場合に、母音が消えがちとなり、音全体がはっきりしなくなる現象。

⑤後半の「樹立彌《こだちいや》が上に～」から森の中の描写に入るので、ぐっと暗く重く声の色を変えて音声表現（以下、「音表」と表記）してください。

⑥前の暗さを受けて、ここは冷たさと湿り気、そして不気味な静かさを、語り手自身が感じることが大切。特に、朽葉《くちば》のカサカサなる音は、気持ちを集中させて聴いた気持ちになること。

〈53ページへ続く〉

原文

⑦

瀑《たき》は樹《き》と樹《き》の茂《しげ》り累《かさ》なる梢《こずゑ》より落《お》つと見《み》えぬ。半《なか》ばより岩《いは》にかゝりて三段《さんだん》になりて流《なが》る。左《ひだり》の方《かた》に小《ちひ》さき堂《だう》あり。横縦《よこたて》に蔦《つた》かづらのからみたるを、犇《ひし》と封《ふう》じて鎖《じやう》を下《おろ》せり。岩《いは》にせかるゝ瀑《たき》の雫《しづく》、颯《さつ》と其堂《そのだう》の屋根《やね》に灌《そゝ》ぎ、朽目《くちめ》を洩《も》れて、地《つち》の上《うへ》に滴《したゝ》りたり。傍《かたはら》に一尺《しやく》より二尺《しやく》までの大《おほ》きさの地藏尊《ぢざうそん》、右《みぎ》の方《かた》を頭《かしら》となし、次《つぎ》は次《つぎ》より次第《しだい》に小《ちひ》さきが、一《ひと》ならびに七體《たい》ぞ立《た》たせ給《たま》ふ。たゞ瀑《たき》のみならず、岩《いは》よりも土《つち》よりも水《みづ》ところ〱湧《わ》き出《い》づれば、此處彼處《こゝかしこ》に溜《たま》りたる清水《しみづ》溢《あふ》れて、小石《こいし》のあはひを枝《えだ》うちつゝ、白《しろ》き蛇《くちなは》のひらめくやう、低《ひく》きに就《つ》きて流《なが》るゝ音《おと》、ものの囁《さゝや》くに異《こと》ならざるを、鬱蒼《うつさう》たる樹立《こだち》の枝《えだ》を組《く》みて、茂《しげり》深《ふか》く包《つゝ》みたれば、きく耳《みゝ》には恰《あたか》も御佛達《みほとけたち》ぞ

〈54ページへ続く〉

解説

⑦

この段落は三つに分かれます。まずお堂と滝の描写。次は七体の地蔵の描写、更にその地蔵の腹の中からささやきの聞こえる音の三つです。私の考え方からいえば、前の二つは視覚的、後の一つは聴覚的要素ということになりますが、語り手はこの二つを区別して、各々を適確に感覚的に音表すべきでしょう。

まず滝の表現ですが、これは何よりもこの文からその流れの激しさが読みとれます。ここで効果的に用いられているのはお堂の存在です。この堂の古びた描写も見事ですが、問題はその屋根で、その部分を抜き出してみますと、「岩にせかるゝ瀑《たき》の雫、颯《さつ》と其堂の屋根に灌《そそ》ぎ、朽目《くちめ》を洩《も》れて、地の上に滴《したた》りたり」とありますが、この描写の巧みさは屋根の朽目にあります。

古びた屋根なので所々が腐ってすき間が空いている、その上に滝が降りそそいでそのすき間を通過して勢いよく地の上に滴り落ちる。その情景をリアルに描くことによって、滝の降り落ちる激しさを見事に表現しているのです。ここにこの作家のリアリズムを基本とした文章表現の姿勢が伺われると思われます。

〈55ページへ続く〉

原文

の腹《はら》の中《なか》にて、ものをいふらむ響《ひゞき》す。

⑧

かゝる處《ところ》に、身《み》に添《そ》へる影《かげ》もなくて唯《たゞ》一人《ひとり》立《た》ちたる婦人《をんな》の、髮《かみ》も見《み》馴《な》れざる結方《ゆひかた》なり。黄昏《たそがれ》の色《いろ》と際立《きはだ》ちて、領《えり》の色《いろ》白《しろ》くあざやかに、曙《あけぼの》の蒼《あを》き色《いろ》の、いと薄《うす》き衣《きぬ》着《き》たまへる、ふみそろへたる足《あし》のあたりは、くらき色《いろ》に蔽《おほ》はれて、淡《あは》き煙《けぶり》、其帶《そのおび》して膨《ふくよ》かなる胸《むね》を籠《こ》め、肩《かた》のあたりのさやかに見《み》えて、すらりと立《た》てる瘦《やせ》がたの身丈《たけだち》よく、ならびたる七《なゝ》つの地藏《ぢざう》の最《もつと》も高《たか》きものの頭《かうべ》さへ、やうやく其胸《そのむね》に達《たつ》するのみ、これを彼《か》の女神《めがみ》ならずと誰《たれ》か見《み》るべき。

〈56ページへ続く〉

解説

この滝の激しさを音表するのに、語り手はただただそのテンポに心すべきでしょう。

次に七体の地蔵の存在は、二つの役目を持っています。まずそれは、枝に囲まれた小流れの音が籠ってこの地蔵の腹の中から聞こえてくるように感じさせる無気味さの道具として用いられていることは勿論ですが、⑧の姫の身長の高さを表わす対象にも使われているのです。

⑧　姫の姿が後ろ向きであることに注意して下さい。イメージを集中させて、少年の低い目線で。

〈57ページへ続く〉

原文

⑨ 予《よ》が追來《おひきた》りたる一《ひと》ツの螢《ほたる》の、さきよりしばし木隠《こがく》れて、夕《ゆふべ》の色《いろ》に紛《まぎ》れしが、青《あを》き光明《ひかりあきら》かに、彼《か》の小《ちひ》さき堂《だう》の屋根《やね》に顯《あらは》れつ。橫《よこ》さまに低《ひく》く流《なが》るゝ如《ごと》く、地藏《ぢざう》の頤《おとがひ》のあたりを掠《かす》めて、うるはしき姫《ひめ》の後姿《うしろすがた》の背《せ》の半《なか》ばに留《とゞ》まりぬ。

⑩ 「あゝ、」姫《ひめ》なる神《かみ》よ、其螢《そのほたる》たまはずやといはむとせし、其《その》言《ことば》いまだ口《くち》を出《い》でざるに、彼《か》の君《きみ》あわたゞしう此方《こなた》を見向《みむ》き、小《ちひ》さき予《よ》が姿《すがた》を透《すか》し見《み》ざま、驚《おどろ》きたる狀《さま》して、一足衝《ひとあしつ》とすさるとて、瀑《たき》を其頭《そのかしら》にあびたり。

〈58ページへ続く〉

解説

⑨　ここから、さっきの分割では承の部に入りますので、思い切って高く入りましょう。螢の動きにつれ、わくわくそれを目で追う少年の心のふるえを出すことが大切です。「留まりぬ」の「ぬ」をしっかりと止めるように。

⑩　「あゝ」はかすかに。それに続くことばも生のせりふにならぬように注意すること。それよりもここは、「あわたゞしう～」以下の姫の驚きの表情や動きをはっきりと音表しましょう。語尾の「あびたり」はことばが収まらないようにはっきりと前に出しましょう。

〈59ページへ続く〉

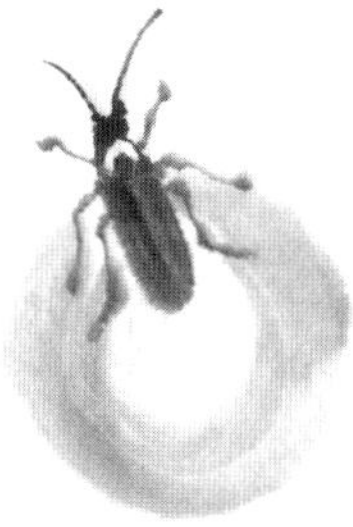

原文

⑪ 左右《さいう》の肩《かた》に颯《さ》と音《おと》して、玉《たま》の簾《すだれ》ゆら〳〵とぞ全身《ぜんしん》を包《つゝ》みたる。

⑫ 「螢《ほたる》、下《くだ》さいな、螢下《ほたるくだ》さいな。」と予《よ》は恐氣《おそれげ》もなく前《まへ》に進《すゝ》みぬ。

⑬ 螢《ほたる》は彼《か》の君《きみ》の脇《わき》を潜《くゞ》りて、いま袖裏《そでうら》より這《は》ひ出《い》でつゝ、徐《おもむろ》に其襟《そのえり》を這《は》ふ時《とき》、青《あを》き光《ひかり》ひた〳〵と、ぬれまとうたる衣《きぬ》を通《とほ》して、眞白《ましろ》き乳房《ちぶさ》すきて見《み》えたり。

〈60ページへ続く〉

解説

⑪　驚いて後へ下がった姫の肩に滝が激しく降りかかるこの描写はリアルで見事。「颯《さ》と」、「ゆらゆら」の擬態語をはっきりと音表しましょう。

⑫　この少年のことばは、はっきりと前向きに発声しましょう。少し高めに出して下さい。「前に進みぬ」の「ぬ」が消えないように。先に挙げた⑨の語尾のように、とかく語尾が口の中に籠りがちになる（これを「呑む」といいます）のは、せっかくのそれ迄《まで》の表現が終わりの発音で薄くなってしまうことになるので、語尾の発音には細心の注意を要します。

⑬　ここの音表で大切なのは「青き光」です。螢のかすかな光が姫のぬれた着物の内側から、その白い乳房を照らしたのが透いて見えたという映像（絵）を繊細に表現して下さい。

〈61ページへ続く〉

原文 ⑭

鼻高《はなたか》う、眉《まゆ》あざやかに、雪《ゆき》の如《ごと》き顔《かんばせ》の、やゝおもながなるが、此方《こなた》を瞻《みまも》りたまへば、

「ねえ、螢一《ほたるひと》ツ下《くだ》さいな。母様《おかあさま》は然《さ》ういツたけれど。あの、神様《かみさま》が大事《だいじ》にして居《ゐ》るんだから取《と》ツちやいけないツて、さういつたけれど欲《ほし》いんだもの、一《ひと》ツ位《くらゐ》いゝでせう。」

と甘《あま》ゆる如《ごと》くいひかけつゝ、姫《ひめ》の身近《みぢか》に立寄《たちよ》るに、彼《か》の君《きみ》はなほものいはで、予《よ》が顔《かほ》を瞻《みつ》めたまふ。目《め》の色《いろ》の見《み》ゆるまで、螢《ほたる》の光《ひかり》凄《すご》く冴《さ》えたり。予《よ》は少《すこ》しく恐氣立《おぢけだ》ちぬ。其姿《そのすがた》の優《やさ》しければこそ、來《きた》るまじき處《ところ》に來《き》て、神《かみ》の稜威《みいつ》を犯《をか》せしを、罪《つみ》したまはばいかにせむと、いまは其《その》あまり氣高《けだか》きが恐《おそろ》しくて、予《よ》は心細《こゝろぼそ》くも悲《かな》しくなりぬ。

〈62ページへ続く〉

解説

⑭

この姫の顔は、あく迄《まで》も少年が、微かな螢の光に照らし出された姫の顔を下から仰いだものとして捉えて下さい。そのイメージを描きながら、少年の心で云いかけてみましょう。

この段落の後半は、少年の心が次第に恐怖に満たされてゆく過程がたっぷりと描かれているので、語り手はその心になり切って音表してゆかねばなりません。それには作者の描こうとするイメージに集中して想像力を十分に働かせることです。その中心となるのが、螢の青い光です。闇の中に螢の光だけが姫の瞳を照らしている、その神秘的な無気味さを少年の心で感じることにより、次の⑮の展開が自然に導き出されねばなりません。

「予《よ》は少しく恐気立ちぬ」の前にもじわりとした「間」をとる、いや、とるというよりもそこが自然に「間」となるような集中力が必要となります。

〈63ページへ続く〉

原文

⑮ あとへ〳〵と退《すさ》りながら、
「御免《ごめん》なさい、御免《ごめん》なさい、こんだツから來《こ》ないから。あれ、うちへ歸《かへ》して下《くだ》さいよう。もうもう螢《ほたる》なんか取《と》らないから、御免《ごめん》よ〳〵。」とぞわびたりける。

⑯ 姫《ひめ》が顔《かほ》の色《いろ》やゝ解《と》けて、眉《まゆ》のび、唇《くちびる》ゆるみぬ。肩寒《かたさむ》げに垂《た》れたる手《て》を、たゆたげに胸《むね》のあたりに上《あ》げて、
「これかえ。」
といひながら、つまみて、掌《たなそこ》に乘《の》せたる、青《あを》きひかり裏《うら》すきて、眞白《ましろ》なる手《て》の指《ゆび》のあひだの見《み》えすくまで、太《いた》くも渠《かれ》は痩《や》せたるかな。

〈64ページへ続く〉

解説

⑮　この声は思い切って少年の心で高く出して下さい。なにもアニメの声優のように声を作る必要はありませんが、声の高さは絶対に必要です。少年の心になれば自然に出る筈です。

それと共に大切なのは、最後の「わびたりける。」です。ここで大ていの人が低く収めてしまうのは、実に残念です。これを私は「地の文」意識とよんでいますが、それを避け、あくまでも叙述の気分を持続させて、しっかりと前へ出して終わってほしいものです。

⑯　ここの描写も作者は実に丹念に描いています。映像でいえばここは完全な姫の顔のクローズアップです。しかめていた眉間のしわがのび、引きしめていた唇がほころぶ、緊張がとけてゆく姫の心のようすが実にリアルに描かれているではありませんか。後半は姫の手の「痩《や》せ」をこれもアップで表していますので、ここも語り手は繊細な想像力が必要です。

〈65ページへ続く〉

原文

⑰

「上《あ》げませうか。」と呼《よ》びかけて、手《て》をさしのべたる、袖《そで》の下《した》に、わがからだ立寄《たちよ》る時《とき》、彼《か》の君《きみ》のぞくやうに俯向《うつむ》きたれば、はら〳〵と後《おくれ》毛溢《げこぼ》れて二度《にど》ばかり冷《ひや》ゝかなる雫《しづく》落《お》ちぬ。胸《むね》に抱緊《いだきし》められたる時《とき》は、冷《つめ》たさ骨髄《こつずゐ》にとほりつゝ、身《み》は氷《こほり》とや化《くわ》すらむと、わが手足思《てあしおも》はずふるひぬ。

⑱

「坊《ばう》や、いくツだえ。」

「なゝツ」と呼吸《いき》の下《した》に答《こた》へし身《み》の、こはそもいかになることぞと、予《よ》は人心地《ひとごこち》もあらざりき。

「名《な》は。」とまた問《と》ひつゞけぬ。

〈66ページへ続く〉

解説

⑰ ここの読みは、まさに冷たさを語り手が感じることが必要です。特に「冷たさ骨髄にとほりつゝ〜」以下の描写では「骨髄に」、「氷とや化すらむ」、「思はずふるいぬ」など感覚的に音表すべきです。

⑱ 姫の高貴さとやさしさ、少年の可憐さとおびえを対称的に表現すべきでしょう。やりとりに応じて、瞬時に声の色を変えてゆくわけですが、その場合、その話し手の意識を捉えることにより、元となる息遣いから切り換えてゆくことが大切です。

「あゝ、みねさん、」は、少年が恐らく「峯太郎」とでも答えたのを受け止めて、「みねさん」と姫が勝手に愛称で呼び、遂には「みイちゃんだねえ」と可愛い呼び名にしてしまっているのは、姫の子供好きを良く表わしているところです。ここは思い切りやさしく云い掛けましょう。

その後やや厳しく、「もうこんな處《ところ》へ來るんぢゃありません」とさとし、「は

〈67ページへ続く〉

原文

予《よ》は幽《かすか》に答《こた》へ得《え》たり。

「あゝ、みねさん、みイちゃんだねえ。」

「えゝ、」

かくて予《よ》を抱《いだ》ける右《みぎ》の手《て》に力《ちから》を籠《こ》め、

「もうこんな處《ところ》へ來《く》るんぢやありません、母様《おつかさん》がお案《あん》じだらうに、はやくおかへり。」

といふはしに衝《つ》とすりぬけて身《み》をひきぬ。

⑲

「入《い》れものはあるかい、」

と姫《ひめ》は此方《こなた》に寄《よ》り添《そ》ひつゝ、予《よ》が手《て》にさげたる螢籠《ほたるかご》の小《ち》さき口《くち》にあてがひて、彼《か》の螢《ほたる》を入《い》れむとして、輕《かろ》くいきかけ

〈68ページへ続く〉

解説

やくおかへり」と抱く手をゆるめたすきに、少年はすばやくすりぬけて逃げて帰ろうとする、この部分はテンポ早く、少年が冷たさと恐ろしさから逃れようとする心を十分に音表すべきでしょう。「身をひきぬ」の「ぬ」が消えないように気をつけて下さい。

前にも述べたように、とかくこのような語尾は消えがちですが、この部分に行為者（この場合は少年）の意志が籠《こ》められているのですから、注意すべきなのです。

⑲

この物語はここから転になります。てっきり罰せられると思って逃げて帰ろうと思っていた少年に、姫は近付いて螢を与えようとする、そしてみずからそれを螢籠に吹き込もうとして失敗するという場面です。

ここで注意して頂きたいのは「空へそれて」ということばで、これを文字通り「上空」と解釈すると間違いで、これは息が螢に当たらないでわきへそれ

〈69ページへ続く〉

原文

て吹《ふ》き込《こ》みしが、空《そら》へそれて、潑《ぱつ》と立《た》ちて、梢《こずゑ》を籠《こ》めて螢《ほたる》は飛《と》びたり。

⑳「あれ、」と空《そら》を見上《みあ》げたる、ぬれ髪《がみ》は背《せ》にあふりて、兩《りやう》の肩《かた》に亂《みだ》れかゝりぬ。

㉑「取《と》つても可《い》いかい、取《と》つても可《い》いんなら私《わたい》がとらうや。」笹《さゝ》の葉《は》一束《ひとたば》結附《ゆひつ》けたる竹棹《たけざを》を持《も》ちたれば、直《すぐ》に瀑《たき》におし浸《ひた》して、空《そら》ざまに打掉《うちふ》るにぞ、小雨《こさめ》の如《ごと》くはら〳〵と葉末《はずゑ》を鳴《なら》して打散《うちち》りたる、螢《ほたる》は岩陰《いはかげ》にかくれ去《さ》りき。

〈70ページへ続く〉

解説

た、と考えるべきでしょう。それよりも螢がぱっと梢まで飛んで行ったという音表に力を入れて下さい。

⑳ この「あれ、」の前に一つイキを入れることが大切です。

㉑ ここで少年は姫の真意が判って、喜びに声を弾ませます。ですから、その声は意外性と喜びのまざり合った、思い切って甲高い上ずった声になるでしょう。「私がとろうや。」は張り切って強く大きく。そのまま次の「笹の葉一束〜」を高く冠せるように出して下さい。あとはテンポ早く畳みかけて、「小雨の如くはらくと」は最高に高く、竹棹の先の笹の葉から雫が辺りに散らばるようすを表わしましょう。

ここがまさに鏡花の映像美の極致と思われますから、表現者もそれに従って、聴き手にそれを十分に伝えるべきでしょう。

〈71ページへ続く〉

原文

㉒

やがて地蔵《ぢざう》の肩《かた》に見《み》えぬ。枝《えだ》のあたりをすいと飛《と》びたり。また葉《は》裏《うら》をぞつたひたる。小《こ》石《いし》の際《きは》よりぱつと立《た》ちぬ。つと瀑《たき》を横《よこ》ぎり行《ゆ》く。蒼《あを》き光《ひかり》の見《み》えがくれに、姫《ひめ》は予《よ》が前後《まへうしろ》、また右左《みぎひだり》に附添《つきそ》ひつ。

㉓

予《よ》はたゞ螢《ほたる》を捕《と》らむとばかり、棹《さを》打《うち》ふり〳〵て足《あし》の浮《う》くまであくがれたる、あたり忽《たちま》ち月夜《つきよ》となりぬ。

㉔

唯《と》見《み》れば舊《もと》の廣野《ひろの》なりき。螢狩《ほたるがり》の人《ひと》幾群《いくむれ》か、わがつれも五七人《にん》、先刻《さき》には居《ゐ》たりし川《かは》も見《み》ゆれど、何時《いつ》の間《ま》にか歸《かへ》りけむ、影《かげ》一《ひと》つもあらざりき。あたりはひろ〳〵と果《はて》見《み》えず、

〈72ページへ続く〉

解説

㉒

あちらこちらに螢が現れては消えるそのありさまを短文の連立によって表わそうとした作者の意図を汲《く》んで、ここは小刻みなイキで音表すべきでしょう。そして姫が少女のように、少年と共に螢を追いかける嬉々とした姿を十分に表現することも忘れずに。

㉓

最後の、少年が森の外（現実の世界）へ出たことを、「月夜となりぬ。」で、はっきりと。

㉔

段落㉔と㉕の間にはかなりの時間が経過していることをまず読み取らねばなりません。㉔はそれ迄《まで》の展開につながる場面ですが、㉕の方はそれからかなりの時日が経過してのことであることは、「年長けてのち」のことばで明らかです。まず㉔から見て行きます。

ここで注意すべきは、「螢狩の人幾群《いくむれ》か、〜」がすべて「川」にかかってい

〈73ページへ続く〉

原文

草茫々《くさばう〳〵》と生茂《おひしげ》れる、野末《のずゑ》には靄《もや》を籠《こ》めて、笠岡山朧氣《かさをかやまおぼろげ》なりし。

㉕

上《うへ》の丘《をか》と下《した》なる原《はら》とには、年長《とした》けてのち屢々《しば〳〵》行《ゆ》けど、瀑《たき》の音《おと》のみ聞《き》きて過《す》ぎつ。われのみならず、蓑谷《みのだに》は恐《おそろ》しき魔所《ましよ》なりとて、其一叢《そのひとむら》の森《もり》のなかは差覗《さしのぞ》く者《もの》もあらざるよし。優《やさ》しく、貴《たふと》く美《うつく》しき姫《ひめ》のおもかげ瞳《め》につきて、今《いま》もなつかしき心《こゝ》地《ち》ぞする。

解説

ることで、つまりこれは過去の情景だということです。鏡花の文には、このように長い連体修飾節（長い文章で後ろの名詞を修飾・限定しようとするもの）がしばしば見られますので、その関係をはっきりと見極めねばなりません。

㉕

前の部分は、先に述べたように、少年が年長になってからの事柄ですが、さらにその後の「優しく、貴く美しき～」から以下の文は、改行されていないままでも、この部分が現時点からの回想で、この文こそ、いま成年に達した作者の思いとして、この作品の結びと考えるべきでしょう。従ってこの文の前にしっかりと「間」をとって、ゆっくりと語り納めたいと思います。

以上、各段落ごとに、その最も注意すべきポイントを出来るだけ丹念に解説して来たつもりですが、音表をことばで表現することのむずかしさを今更のように痛感しています。これは次の作品「紫陽花《あじさい》」についてもいえることだと思います。

語りの素材となるもの

●コラム●

「朗読」に比べると、「語り」は、たいていの場合、「劇」的な要素をもっています。これは何も作品の会話部分をセリフっぽく読むことを意味するのではありません。作品の全体を、劇的に捉える、つまり、ドラマ意識をもって読むということです。

したがって、私の考える「語り」の素材となるものは、「語り」によく用いられる「時代もの」だけではありません。読者の中には、「時代もの」でなければ語れない、いや「語り」とはいえないと考えていらっしゃる方が少なくないと思いますが、そんなことはありません。

作者の、あるいは登場する人物の意識の流れを追えば、向田邦子や浅田次郎、小池真理子、三浦哲郎などの作品もみな「語り」になり得るのです。

「時代もの」に限らず、素材を「語り」にするのは、それを表現する者の作品の捉え方や意識のもち方次第ということになりましょう。

2章

紫陽花

あじさい

紫陽花《あじさい》

一

色青《いろあを》く光《ひかり》ある蛇《へび》、おびたゞしく棲《す》めればとて、里人《さとびと》は近《ちか》よらず。其野《そのの》社《やしろ》は、片眼《かため》の盲《し》ひたる翁《おきな》ありて、昔《むかし》より齊眉《かしづ》けり。其片眼《そのかため》を失《うしな》ひし時《とき》一《ひと》たび見《み》たりと言《い》ふ、几帳《きちやう》の蔭《かげ》に黒髪《くろかみ》のたけなりし、それぞ神《かみ》なるべき。

ちかきころ水無月中旬《みなつきなかば》、二十日《はつか》餘《あま》り照《て》り續《つゞ》きたる、けふ日《ひ》ざかりの、鼓子花《ひるがほ》さへ草《くさ》いきれに色《いろ》褪《あ》せて、砂《すな》も、石《いし》も、きら〳〵と光《ひかり》を帯《お》びて、松《まつ》の老木《おいき》の梢《こずゑ》より、絲《いと》を亂《みだ》せる如《ごと》き薄《うす》き煙《けむり》の立《た》ちのぼるは、木精《こだま》とか言《い》ふものならむ。おぼろ〳〵と霞《かす》むまで、暑《あつ》き日《ひ》の靜《しづか》さは夜半《よは》にも増《ま》して、眼《め》もあてられざる野《の》の細道《ほそみち》を、十歳《とを》ばかりの美少年《びせうねん》の、尻《しり》を端折《はしを》り、竹《たけ》の子笠《こがさ》被《かぶ》りたるが、跣足《はだし》にて、

「氷《こほり》や、氷《こほり》や。」

と呼《よ》びもて來《き》つ。其《それ》より市《まち》に行《ゆ》かんとするなり。氷《こほり》は筵包《むしろづつみ》にして天秤《てんびん》に釣《つる》したる、其片端《そのかたはし》には、手《て》ごろの石《いし》を藁繩《わらなは》もて結《むす》びかけしが、重《おも》きもの荷《にな》ひたる、力《ちから》なき身體《からだ》のよろめく毎《ごと》に、石《いし》は、ふらゝこの如《ごと》くはずみて搖《ゆ》れつ。

とかうして、此《こ》の社《やしろ》の前《まへ》に來《きた》りし時《とき》、太《ふと》き息《いき》つきて立停《たちどま》りぬ。

笠《かさ》は目深《まぶか》に被《かぶ》りたれど、日《ひ》の光《ひかり》は遮《さへぎ》らで、白《しろ》き頸《うなじ》も赤《あか》らみたる、渠《かれ》はい

かに暑《あつ》かりけむ。

蚯蚓《みゝず》の骸《むくろ》の干乾《ひから》びて、色黒《いろくろ》く成《な》りたるが、なかばなま〳〵しく、心《こゝろ》ばかり蠢《うごめ》くに、赤《あか》き蟻《あり》の群《むらが》りて湧《わ》くが如《ごと》く働《はたら》くのみ、葉末《はずゑ》の揺《ゆ》るゝ風《かぜ》もあらで、平《ひら》たき焼石《やけいし》の上《うへ》に何《なん》とか言《い》ふ、尾《を》の尖《さき》の少《すこ》し黒《くろ》き蜻蛉《とんぼ》の、ひたと居《ゐ》て動《うご》きもせざりき。

かゝる時《とき》、社《やしろ》の裏《うら》の木蔭《こかげ》より婦人二人《をんなふたり》出《い》で來《きた》れり。一人《ひとり》は涼傘畳《ひがさたゝ》み持《も》ちて、細《ほそ》き手《て》に杖《つゑ》としたる、いま一人《ひとり》は、それよりも年少《としわか》きが、伸上《のびあが》るやうにして、背後《うしろ》より傘《かさ》さしかけつ。腰元《こしもと》なるべし。丈高《たけたか》き貴女《きぢよ》のつむりは、傘《かさ》のうらに支《つか》ふるばかり、青《あを》き絹《きぬ》の裏《うら》、眉《まゆ》のあたりに影《かげ》をこめて、くらく光《ひか》るものあり、黒髪《くろかみ》にきらめきぬ。怪《あや》しと美少年《びせうねん》の見返《みかへ》る時《とき》、彼《か》の貴女《きぢよ》、腰元《こしもと》を顧《かへり》みしが、やがて此方《こなた》に向《むか》ひて、

「あの、少《すこ》しばかり。」

暑《あつ》さと、疲労《つかれ》とに、少年《せうねん》はものも言《い》ひあへず、纔《わづか》に頷《うなづ》きて、筵《むしろ》を解《と》きて、笹《さゝ》の葉《は》の濡《ぬ》れたるをざわ〳〵と掻分《かきわ》けつ。

雫落《しづくお》ちて、雪《ゆき》の塊《かたまり》は氷室《ひむろ》より切出《きりだ》したるまゝ、未《いま》だ角《かど》も失《う》せざりき。其《その》一角《ひとすみ》をば、鋸《のこぎり》もて切取《きりと》りて、いざとて振向《ふりむ》く。睫《まつげ》に額《ひたひ》の汗《あせ》つたひたるに、手《て》の塞《ふさ》がりたれば、拭《ぬぐ》ひもあへで眼《め》を塞《ふさ》ぎつ。貴女《きぢよ》の手《て》に捧《さゝ》げたる雪《ゆき》の色《いろ》は眞黑《まつくろ》なりき。

「この雪《ゆき》は、何《ど》うしたの。」

美少年《びせうねん》はものをも言《い》はで、直《たゞ》ちに鋸《のこぎり》の刃《は》を返《かへ》して、さら〳〵と削《けづ》り落《おと》すに、粉《こな》はばら〳〵とあたりに散《ち》り、ぢ、ぢ、と蟬《せみ》の鳴《な》きやむ音《おと》して、燒砂《やけすな》に煮《に》え込《こ》みたり。

二

あきなひに出《い》づる時《とき》、繼母《まゝはゝ》の心《こゝろ》なく嘗《かつ》て炭《すみ》を挽《ひ》きしまゝなる鋸《のこぎり》を持《も》たせしなれば、さは雪《ゆき》の色《いろ》づくを、少年《せうねん》は然《さ》りとも知《し》らで、削《けづ》り落《おと》し拂《はら》ふまゝに、雪《ゆき》の量《りやう》は掌《たなそこ》に小《ちひ》さくなりぬ。

別《べつ》に新《あたら》しきを進《すゝ》めたる、其《それ》もまた黑《くろ》かりき。貴女《きぢよ》は手《て》をだに觸《ふ》れむとせで、

「きれいなのでなくつては。」

と靜《しづか》にかぶりをふりつゝいふ。

「えゝ。」と少年《せうねん》は力《ちから》を籠《こ》めて、ざら〱とぞ搔《か》いたりける。雪《ゆき》は崩《くづ》れ落《お》ちて砂《すな》にまぶれつ。

澁々《しぶ〱》捨《す》てて、新《あたら》しきを、また別《べつ》なるを、更《さら》に幾度《いくたび》か挽《ひ》いたれど、鋸《のこぎり》につ

きたる炭《すみ》の粉《こ》の、其都度雪《そのつどゆき》を汚《けが》しつゝ、はや殘《のこ》り少《すく》なに成《な》りて、笹《さゝ》の葉《は》に蔽《おほ》はれぬ。

貴女《きぢよ》は身動《みじろ》きもせず、瞳《ひとみ》をすゑて、冷《ひや》ゝかに瞻《みま》もりたり。少年《せうねん》は便《たよ》なげに、

「お母様《つかさん》に叱《しか》られら。お母様《つかさん》に叱《しか》られら。」

と訴《うつた》ふるが如《ごと》く呟《つぶや》きたれど、耳《みゝ》にもかけざる狀《さま》したりき。附添《つきそ》ひたる腰《こし》元《もと》は、笑止《せうし》と思《おも》ひ、

「まあ、何《ど》うしたと言《い》ふのだね、お前《まへ》、變《へん》ぢやないか。いけないね。」

とたしなめながら、

「可哀《かはい》さうでございますから、あの……」と取做《とりな》すが如《ごと》くにいふ。

「いゝえ。」

と、にべもなく言《い》ひすてて、袖《そで》も動《うご》かさで立《た》ちたりき。少年《せうねん》は上目《うはめ》づかひに、腰元《こしもと》の顏《かほ》を見《み》しが、涙《なみだ》ぐみて俯《うつむ》きぬ。

雪《ゆき》の砕《くだ》けて落散《おちち》りたるが、見《み》る〳〵水《みづ》になりて流《なが》れて、けぶり立《た》ちて、地《つち》の濡色《ぬれいろ》も乾《かわ》きゆくを、怨《うら》めしげに瞻《みまも》りぬ。

「さ、おくれよ。いゝのを、いゝのを。」

と貴女《きぢよ》は急込《せきこ》みてうながしたり。

こたびは鋸《のこぎり》を下《した》に置《お》きて、筵《むしろ》の中《なか》に殘《のこ》りたる雪《ゆき》の塊《かたまり》を、其《その》まゝ引出《ひきいだ》して、兩手《りやうて》に載《の》せつ。

「み、みんなあげよう。」

細《ほそ》りたる聲《こゑ》に力《ちから》を籠《こ》めて突出《つきいだ》すに、一摑《ひとつか》みの風冷《かぜつめ》たく、水氣《すゐき》むら〳〵と立《た》ちのぼる。

流《なが》るゝ如《ごと》き瞳動《ひとみうご》きて、雪《ゆき》と少年《せうねん》の面《おもて》を、貴女《きぢよ》は屹《きつ》とみつめしが、

「あら、こんなぢや、いけないいツていふのに。」

といまは苛《いら》てる狀《さま》にて、はたとばかり搔退《かいの》けたる、雪《ゆき》は辷《すべ》り落《お》ちて、三《み》

ツ四《よ》ツに砕《くだ》けたるを、少年《せうねん》のあなやと拾《ひろ》ひて、拳《こぶし》を固《かた》めて摑《つか》むと見《み》えし、血《ち》の色颯《いろさつ》と頬《ほゝ》を染《そ》めて、右手《めて》に貴女《きぢよ》の手《て》を扼《とりしば》り、ものをも言《い》はで引立《ひきた》てつ。

「あれ、あれ、あれえ！」

と貴女《きぢよ》は引《ひ》かれて倒《たふ》れかゝりぬ。

風一陣《かぜいちぢん》、さら〱と木《こ》の葉《は》を渡《わた》れり。

三

腰元《こしもと》のあれよと見《み》るに、貴女《きぢよ》の裾《すそ》、袂《たもと》、はら〱と、柳《やなぎ》の絲《いと》を絞《しぼ》るかのやう、細腰《ほそごし》を捩《よ》りてよろめきつゝ、ふたゝび悲《かな》しき聲《こゑ》たてられしに、つと駈寄《かけよ》りて押隔《おしへだ》て、

「えゝ！　失禮《しつれい》な、これ、これ、御身分《ごみぶん》を知《し》らないか。」

貴女《きぢよ》はいき苦《ぐる》しき聲《こゑ》の下《もと》に、

「いゝから、いゝから。」

「御前《ごぜん》――」

「いゝから好《す》きにさせておやり。さ、行《ゆ》かう。」

と胸《むね》を壓《お》して、馴《な》れぬ足《あし》に、煩《わづら》はしかりけむ、穿物《はきもの》を脫《ぬ》ぎ棄《す》てつ。引《ひ》かれて、やがて蔭《かげ》ある處《ところ》、小川流《をがはなが》れて一本《ひともと》の桐《きり》の青葉茂《あをばしげ》り、紫陽花《あぢさゐ》の花《はな》、流《ながれ》にのぞみて、破垣《やれがき》の內外《うちと》に今《いま》を盛《さか》りなる空地《あきち》の此方《こなた》に來《きた》りし時《とき》、少年《せうねん》は立停《たちどま》りぬ。貴女《きぢよ》はほと息《いき》つきたり。

少年《せうねん》はためらふ色《いろ》なく、流《ながれ》に俯《ふ》して、摑《つか》み來《きた》れる件《くだん》の雪《ゆき》の、炭《すみ》の粉《こ》に黑《くろ》くなれるを、その流《なが》れに浸《ひた》して洗《あら》ひつ。

掌《たなそこ》にのせてぞ透《すか》し見《み》たる。雫《しづく》ひた〳〵と滴《した、》りて、時《とき》の間《ま》に消《き》え失《う》する雪《ゆき》は、はや豆粒《まめつぶ》のやゝ大《おほい》なるばかりとなりしが、水晶《すゐしやう》の如《ごと》く透《す》きとほりて、一點《いつてん》の汚《けがれ》もあらずなれり。

きつと見《み》て、

「これでいゝかえ。」といふ聲《こゑ》ふるへぬ。

貴女《きぢよ》は蒼《あを》く成《な》りたり。

後馳《おくれば》せに追續《おひつゞ》ける腰元《こしもと》の、一目見《ひとめみ》るより色《いろ》を變《か》へて、横樣《よこさま》にしつかと抱《いだ》く。其《そ》の膝《ひざ》に倒《たふ》れかゝりつ、片手《かたて》をひしと胸《むね》にあてて。

「あ。」とくひしばりて、苦《くる》しげに空《そら》をあふげる、唇《くちびる》の色青《いろあを》く、鐵漿《かね》つけたる前齒《まへば》動《うご》き、地《ち》に手《て》をつきて、草《くさ》に縋《すが》れる眞白《ましろ》き指《ゆび》のさきわなゝきぬ。

はツとばかり胸《むね》をうちて瞻《みまも》るひまに衰《おとろ》へゆく。

「御前樣《ごぜんさま》――御前樣《ごぜんさま》。」

腰元《こしもと》は泣聲《なきごゑ》たてぬ。

「しづかに。」

幽《かすか》なる聲《こゑ》をかけて、

「堪忍《かんにん》おし、坊《ばう》や、坊《ばう》や。」とのみ、言《い》ふ聲《こゑ》も絶《た》え入《い》りぬ。

呆《あき》れし少年《せうねん》の縋《すが》り着《つ》きて、いまは雫《しづく》ばかりなる氷《こほり》を其口《そのくち》に齎《もたら》しつ。腰元《こしもと》腕《かひな》をゆるめたれば貴女《きぢよ》の顏《かほ》のけざまに、うつとりと目《め》を睜《みひら》き、胸《むね》をおしたる手《て》を放《はな》ちて、少年《せうねん》の肩《かた》を抱《いだ》きつゝ、ぢつと見《み》てうなづくはしに、がつくりと咽喉《のど》に通《とほ》りて、桐《きり》の葉越《はごし》の日影薄《ひかげうす》く、紫陽花《あぢさゐ》の色《いろ》、淋《さび》しき其笑顏《そのゑがほ》にうつりぬ。

●コラム●

映像が浮かぶ「語り」を

「語り」は、作品を演技者的視野だけでなく、「演出家」的視野をももって、大所高所から大きく捉え、空間と時間を現在進行形として表現するものと考えます。つまり、聴き手が演劇的イメージをもてるように演じるということです。作品の長短にかかわらず、聴き手が一つの芝居を観たような印象を残すことが理想です。

映像が浮かぶ音声表現を実現させるためには、さまざまな工夫が必要になります。一人で何役もの人物を演じ分けるだけでは足りません。作者が作品のテーマを読者に伝えるためにどのようにその作品を組み立てているのかをも、考えなければなりません。さらに、それを聴き手に伝えるにはどうすれば良いかを、音表者として考え、工夫する必要があります。

多かれ少なかれ作家は空間のイメージ（絵・映像）を描写しています。語り手は、それを鋭敏な感性と感覚によって捉えてゆくことが大切です。

紫陽花《あじさい》

※（　）の箇所は省略されていると思われる部分

【原文】

一

色青《いろあを》く光《ひかり》ある蛇《へび》、おびたゞしく棲《す》めればとて、里人《さとびと》は近《ちか》よらず。其野《そのの》社《やしろ》は、片眼《かため》の盲《し》ひたる翁《おきな》ありて、昔《むかし》より齊眉《かしづ》けり。

其片眼《そのかため》を失《うしな》ひし時一《ときひと》たび見《み》たりと言《い》ふ、几帳《きちやう》の蔭《かげ》に黒髪《くろかみ》のたけなりし、それぞ神《かみ》なるべき。

【現代語訳】

一

色が青く光った蛇が、多くすんでいるといって、その土地の人は近寄ろうとしないその神社には、片眼のつぶれた爺さんが昔から住んでいる。その目がつぶれた時見たという、几帳《きちよう》の陰に長い黒髪の女がいたそうだが、それこそ神であろう

ちかきころ水無月中旬《みなつきなかば》、二十日餘《はつかあま》り照《て》り續《つゞ》きたる、けふ日《ひ》ざかりの、鼓子花《ひるがほ》さへ草《くさ》いきれに色褪《いろあ》せて、砂《すな》も、石《いし》も、きら〳〵と光《ひかり》を帶《お》びて、松《まつ》の老木《おいき》の梢《こずゑ》より、絲《いと》を亂《みだ》せる如《ごと》き薄《うす》き煙《けむり》の立《た》ちのぼるは、木精《こだま》とか言《い》ふものならむ。おぼろ〳〵と霞《かす》むまで、暑《あつ》き日《ひ》の靜《しづか》さは夜半《よは》にも増《ま》して、眼《め》もあてられざる野《の》の細道《ほそみち》を、十歳《とを》ばかりの美少年《びせうねん》の、尻《しり》を端折《はしを》り、竹《たけ》の子笠《こがさ》被《かぶ》りたるが、跣足《はだし》にて、

「氷《こほり》や、氷《こほり》や。」

と呼《よ》びもて來《き》つ。其《それ》より市《まち》に行《ゆ》か

と思われる。

ついこの間、（陰暦の）六月半ばのこと、二十日余り照り続いた日盛《ひざか》りが今日も続いていて、昼顔さえ草むらから立ちのぼる熱気のために色あせ、砂も、石も、きらきらと光を帯びて、松の老木の梢《こずえ》から、（まるで）乱れた糸のような薄い煙が立ち昇っているように見えるのは、木精《こだま》（かげろう）とかいうものだろう。（それが）おぼろおぼろとかすんでいるように見えるほど、暑い日ざしの静

【原文】

んとするなり。氷《こほり》は筵包《むしろづつみ》にして天《てん》秤《びん》に釣《つる》したる、其片端《そのかたはし》には、手《て》ごろの石《いし》を藁繩《わらなは》もて結《むす》びかけしが、重《おも》きもの荷《にな》ひたる、力《ちから》なき身體《からだ》のよろめく毎《ごと》に、石《いし》は、ふらゝこの如《ごと》くはずみて搖《ゆ》れつ。

　とかうして、此《こ》の社《やしろ》の前《まへ》に來《きた》りし時《とき》、太《ふと》き息《いき》つきて立停《たちどま》りぬ。

　笠《かさ》は目深《まぶか》に被《かぶ》りたれど、日《ひ》の光《ひかり》は遮《さへぎ》らで、白《しろ》き頸《うなじ》も赤《あか》らみたる、渠《かれ》はいかに暑《あつ》かりけむ。

【現代語訳】

かさは、夜中以上で、眼もあてられないような（日ざしの）細い野道を、尻を端《は》折《しょ》り、竹の子笠を被《かぶ》った十才ばかりの美しい少年が、はだしで、

「氷や、氷や」

と呼びながらやって来た。これから町に行くつもりらしい。氷はむしろ包みにして（肩にかついだ）天秤棒に釣るしてあって、その棒の片端には（釣り合いをとるために）手ごろの石をわら縄で結ん

蚯蚓《みゝず》の骸《むくろ》の干乾《ひから》びて、色黒《いろくろ》く成《な》りたるが、なかばなま〳〵しく、心《こゝろ》ば

だものが（ぶら下げてあるが、）重いものを荷《にな》っている力のない身体のよろめく度に、石は（まるで）ぶらんこのようにはずんで揺れている。

　このようにして、この社《やしろ》の前に来ると、太い息を吐《つ》いて立ち止まった。

　笠は深く被ってはいるが、日の光はさえぎれないので、その白い首筋も赤らんでいる。彼はどんなにか暑いことだろう。

（地面には）黒く干からびたみみずの死がいが、まだ生きていると見えてぴくぴ

【原文】

かり蠢《うごめ》くに、赤《あか》き蟻《あり》の群《むらが》りて湧《わ》くが如《ごと》く働《はたら》くのみ、葉末《はずゑ》の揺《ゆ》るゝ風《かぜ》もあらで、平《ひら》たき焼石《やけいし》の上《うへ》に何《なん》とか言《い》ふ、尾《を》の尖《さき》の少《すこ》し黒《くろ》き蜻蛉《とんぼ》の、ひたと居《ゐ》て動《うご》きもせざりき。

かゝる時《とき》、社《やしろ》の裏《うら》の木蔭《こかげ》より婦人《をんな》二人《ふたり》出《い》で來《きた》れり。一人《ひとり》は涼傘《ひがさ》疊《たゝ》み持《も》ちて、細《ほそ》き手《て》に杖《つゑ》としたる、いま

【現代語訳】

くとかすかに身体を動かしているのに、赤い蟻が群がるようにたかって（巣穴へ運ぼうとして）働いているばかり、葉末《はずえ》をゆする風もなく、平たい焼石の上に何とかいう、尾の先の少し黒いとんぼが、ぴたりと止まっていて動きもしない。

この時、社《やしろ》の裏の木陰《こかげ》から二人の女が現れた。一人は日傘を畳んで、それを細い手に杖として持っている。もう一人は

一人《ひとり》は、それよりも年少《としわか》きが、伸上《のびあが》るやうにして、背後《うしろ》より傘《かさ》さしかけつ。腰元《こしもと》なるべし。

丈高《たけたか》き貴女《きぢよ》のつむりは、傘《かさ》のうらに支《つか》ふるばかり、青《あを》き絹《きぬ》の裏《うら》、眉《まゆ》のあたりに影《かげ》をこめて、くらく光《ひか》るものあり、黒髪《くろかみ》にきらめきぬ。

怪《あや》しと美少年《びせうねん》の見返《みかへ》る時《とき》、彼《か》の貴《き》女《ぢよ》、腰元《こしもと》を顧《かへり》みしが、やがて此方《こなた》に向《むか》ひて、

「あの、少《すこ》しばかり。」

暑《あつ》さと、疲労《つかれ》とに、少年《せうねん》はものも言《い》ひあへず、纔《わづか》に頷《うなづ》きて、筵《むしろ》を解《と》きて、笹《さゝ》の葉《は》の濡《ぬ》れたるをざわ〳〵と搔分《かきわ》けつ。

その人よりも年の若そうな少女が、伸び上がるようにして、後ろから傘をさしかけている。腰元のようだ。

背の高い身分の高そうな女【以下未婚の女という意味で原作のまま「貴女」と記す】の頭は、傘につかえるばかりで、その絹の裏地が、眉のあたりに影となってかかり、（頭にさした黒いかんざしか、くしが）黒髪にきらめいている。

珍しそうに少年が見返ったとき、その貴女は、腰元を顧《かえり》みたが、やがて少年に向かって、

【原文】

雫《しづくお》落ちて、雪《ゆき》の塊《かたまり》は氷室《ひむろ》より切出《きりだ》したるまゝ、未《いま》だ角《かど》も失《う》せざりき。其一角《そのひとすみ》をば、鋸《のこぎり》もて切取《きりと》りて、いざとて振向《ふりむ》く。睫《まつげ》に額《ひたひ》の汗《あせ》つたひたる

【現代語訳】

「あの、少しばかり（その氷をちょうだい）。」

少年は、暑さと疲れでものも云うことが出来ず、わずかに頷《うなず》くと、むしろを解いて、（氷をおおった）濡れた笹の葉をざわざわと取りのけた。

雫が落ちて、氷の塊は氷室から切り出したままの形で、まだ角も溶けていないのを、その角を鋸《のこぎり》で切り取ると、さあど

に、手《て》の塞《ふさ》がりたれば、拭《ぬぐ》ひもあへで眼《め》を塞《ふさ》ぎつ。貴女《きぢょ》の手《て》に捧《さゝ》げたる雪《ゆき》の色《いろ》は眞黒《まつくろ》なりき。

「この雪《ゆき》は、何《ど》うしたの。」

美少年《びせうねん》はものをも言《い》はで、直《たゞ》ちに鋸《のこぎり》の刃《は》を返《かへ》して、さら〳〵と削《けづ》り落《おと》すに、粉《こな》はばら〳〵とあたりに散《ち》り、ぢ、ぢ、と蟬《せみ》の鳴《な》きやむ音《おと》して、焼砂《やけすな》に煮《に》え込《こ》みたり。

うぞと振り向いた。まつ毛に額の汗が伝わるのを、手がふさがっているので、拭《ぬぐ》うことが出来ないで（思わず）眼をつぶった。（ところが）貴女へさし出した氷はまっ黒に汚れていたのである。

（驚いた貴女は）

「この氷は、どうしたというの。」

少年は（それに気付くと）ものをも云わずに、すぐに鋸の刃を返して、さらさらとまた削り落とすと、（氷の）粉はばらばらと辺りに散り、「ぢ、ぢ、」と蟬の鳴き止むような音をさせて、焼砂《やきすな》にしみ

【原文】

二

あきなひに出《い》づる時《とき》、繼母《まゝはゝ》の心《こゝろ》なく嘗《かつ》て炭《すみ》を挽《ひ》きしまゝなる鋸《のこぎり》を持《も》たせしなれば、さは雪《ゆき》の色《いろ》づくを、少《せう》年《ねん》は然《さ》りとも知《し》らで、削《けづ》り落《おと》し拂《はら》ふまゝに、雪《ゆき》の量《りやう》は掌《たなそこ》に小《ちひ》さくなりぬ。別《べつ》に新《あたら》しきを進《すゝ》めたる、其《それ》もまた黑《くろ》かりき。貴女《きぢよ》は手《て》をだに觸《ふ》れむとせで、

「きれいなのでなくつては。」

と靜《しづか》にかぶりをふりつゝいふ。

【現代語訳】

こんでいった。

二

商売に出たとき、まま母が気遣いもなく、前に炭を挽《ひ》いたままの鋸《のこぎり》を持たせたものだから、このように氷の汚れてしまうのを、少年はそれに気付かずに、何回も削り落とし、それを捨ててはまた削り落とするうちに、とうとう氷は掌《てのひら》にのるほどに小さくなってしまった。

「えゝ。」と少年《せうねん》は力《ちから》を籠《こ》めて、ざらく〳〵とぞ搔《か》いたりける。雪《ゆき》は崩《くづ》れ落《お》ちて砂《すな》にまぶれつ。

澁々《しぶしぶ》捨《す》てて、新《あたら》しきを、また別《べつ》なるを、更《さら》に幾度《いくたび》か挽《ひ》いたれど、鋸《のこぎり》につきたる炭《すみ》の粉《こ》の、其都度《そのつど》雪《ゆき》を汚《けが》しつゝ、はや殘《のこ》り少《すく》なに成《な》りて、笹《さゝ》の葉《は》に蔽《おほ》はれぬ。

別に新しい氷を削って勧めたが、それもまた黒かった。貴女は手を触れようともせずに、

「きれいなのでなくっては（だめよ）。」と静かに頭をふっていう。

「ええ（そうですとも）。」と少年は力をこめて、ざらざらと挽いた。

氷は崩れ落ちて、砂にまみれた。（でもそれはやはり黒い。）

渋々捨てて、新しいのを、また別のをと、さらに何度も挽いたけれど、鋸についた炭の粉は、その度に氷を黒くして、

【原文】

貴女《きぢよ》は身動《みじろ》きもせず、瞳《ひとみ》をすゑて、冷《ひや》ゝかに瞻《みまも》りたり。少年《せうねん》は便《たより》なげに、

「お母様《つかさん》に叱《しか》られら。お母様《つかさん》に叱《しか》られら。」

と訴《うつた》ふるが如《ごと》く呟《つぶや》きたれど、耳《みゝ》にもかけざる状《さま》したりき。附添《つきそ》ひたる腰元《こしもと》は、笑止《せうし》と思《おも》ひ、

「まあ、何《ど》うしたと言《い》ふのだね、お

【現代語訳】

とうとう残り少なくなった氷は、笹の葉におおわれてしまった。

貴女は身動きもしないで、じっと（少年を）見守っている。少年は心細そうに、

「おっかさんに叱られるよ。おっかさんに叱られるよ。」

と訴えるようにつぶやいたけれど、耳にもかけないようすである。付き添っている腰元は、笑止と思って、

前《まへ》、變《へん》ぢやないか。いけないね。」

とたしなめながら、

「可哀《かはい》さうでございますから、あの……」と取做《とりな》すが如《ごと》くにいふ。

「いゝえ。」

と、にべもなく言《い》ひすてて、袖《そで》も動《うご》かさで立《た》ちたりき。少年《せうねん》は上目《うはめ》づかひに、腰元《こしもと》の顔《かほ》を見《み》しが、涙《なみだ》ぐみて俯《うつむ》きぬ。

雪《ゆき》の砕《くだ》けて落散《おちち》りたるが、見《み》る〳〵水《みづ》になりて流《なが》れて、けぶり立《た》ちて、地《つち》の濡色《ぬれいろ》も乾《かわ》きゆくを、怨《うら》めしげに瞻《みまも》りぬ。

「まあ、どうしたと云うのだね、お前、変じゃないか。いけないね。」

とたしなめながら、(貴女に向かって)

「可哀そうでございますから、あの……(許してやって下さいませ)」

ととりなすように云う。

「いいえ。」

と、(貴女は) にべもなく【そっけなく】云いすてて、袖も動かさないで立っている。少年は上目づかいに(うらめしそうに)、腰元の顔を見たが、涙ぐんでうつむいた。

【原文】

「さ、おくれよ。いゝのを、いゝの

【現代語訳】

【せっかく腰元がとりなしてくれたのに、貴女がそっけなくそれを受け付けないものだから、悲しくなったのである。】

くだけて落ち散った、氷がみるみる水になって流れて、地面の熱のために水蒸気となって煙のようにもうもうと立ち上り、地面の色も乾いて行くのを、うらめし気にじっと見守っている。

「さ、おくれよ。いいのを、いいのを。」

を。」

と貴女《きぢよ》は急込《せきこ》みてうながしたり。

こたびは鋸《のこぎり》を下《した》に置《お》きて、筵《むしろ》の中《なか》に殘《のこ》りたる雪《ゆき》の塊《かたまり》を、其《その》まゝ引出《ひきいだ》して、兩手《りやうて》に載《の》せつ。

「み、みんなあげよう。」

細《ほそ》りたる聲《こゑ》に力《ちから》を籠《こ》めて突出《つきいだ》すに、一摑《ひとつか》みの風冷《かぜつめ》たく、水氣《すゐき》むら〳〵と立《た》ちのぼる。

流《なが》るゝ如《ごと》き瞳《ひとみ》動《うご》きて、雪《ゆき》と少年《せうねん》の面《おもて》を、貴女《きぢよ》は屹《きつ》とみつめしが、

「あら、こんなぢや、いけないツて

と貴女はせきこんでうながした。

（少年は）今度は鋸《のこぎり》を下に置いて、むしろの中に残った氷の塊を、そのまま引き出して、両手に載せた。

「み、みんなあげよう。」

細い声に力をこめて（貴女に向かって）突き出すと、その氷から冷たい風のような水気が、むらむらと立ち上った。

（貴女の）瞳が流れるように動いて、氷を見つめた目が少年の顔をきっと見つめたが、

【原文】

いふのに。」

といまは苛《いら》てる状《さま》にて、はたとばかり掻退《かいの》けたる、雪《ゆき》は辷《すべ》り落《お》ちて、三《み》ツ四《よ》ツに砕《くだ》けたるを、少年《せうねん》のあなやと拾《ひろ》ひて、拳《こぶし》を固《かた》めて摑《つか》むと見《み》えし、血《ち》の色颯《いろさつ》と頰《ほゝ》を染《そ》めて、右手《めて》に貴女《きぢよ》の手《て》を扼《とりしば》り、ものをも言《い》はで引《ひき》立《た》てつ。

「あれ、あれ、あれえ！」

と貴女《きぢよ》は引《ひ》かれて倒《たふ》れかゝりぬ。

風一陣《かぜいちぢん》、さら〳〵と木《こ》の葉《は》を渡《わた》れり。

【現代語訳】

「あら、こんなのじゃ、いけないっていうのに。」

と、とうとう苛立《いらだ》ったように、さっと拂《はら》いのけたので、氷は少年の手からすべり落ちて、三つ四つに砕けたのを、少年はさっと拾うと、それを拳《こぶし》の中に包み込んだようだが、その時、その顔はたちまち上気して赤くなると、右手に貴女の手を強く握り、ものも云わず引き立てた。

「あれ、あれ、あれえ！」

三

腰元《こしもと》のあれよと見《み》るに、貴女《きぢよ》の裾《すそ》、袂《たもと》、はら〳〵と、柳《やなぎ》の絲《いと》を絞《しぼ》るかのやう、細腰《ほそごし》を捩《よ》りてよろめきつゝ、ふたゝび悲《かな》しき聲《こゑ》たてられしに、つと駈《かけ》寄《よ》りて押隔《おしへだ》て、

「えゝ！失禮《しつれい》な、これ、これ、御《ご》身分《みぶん》を知《し》らないか。」

貴女《きぢよ》はいき苦《ぐる》しき聲《こゑ》の下《もと》に、

「いゝから、いゝから。」

「御前《ごぜん》——」

と貴女は引かれて倒れかかった。

風がさっと吹いて、さらさらと木の葉をゆらせた。

三

腰元が「あれ」と驚いているうちに、貴女の着物の裾《すそ》や、袂《たもと》は、はらはらとひるがえり、まるで柳の細い枝をしぼるように、細い腰をよじってよろめきながら、再び悲しい声をお立てになったので、駆け寄って少年を押し隔て、

「ええ！　失礼な、これ、これ、ご身分

【原文】

「いゝから好《す》きにさせておやり。さ、行《ゆ》かう。」と胸《むね》を壓《お》して、馴《な》れぬ足《あし》に、煩《わづら》はしかりけむ、穿物《はきもの》を脱《ぬ》ぎ棄《す》てつ。

【現代語訳】

を知らないか。」

貴女は苦しい声の中から、

「いいから、いいから。」

（腰元）「御前―（そうは、おっしゃいましても）」

（貴女）「いいから好きにさせておやり。さ、行こう。（連れて行っておくれ）」と（その時苦しくなったのか）自分の胸を押さえ（歩こうとして）歩きにくかったのか、履物を脱ぎ棄てた。

引《ひ》かれて、やがて蔭《かげ》ある處《ところ》、小川《をがは》流《なが》れて一本《ひともと》の桐《きり》の青葉《あをば》茂《しげ》り、紫陽花《あぢさゐ》の花《はな》、流《ながれ》にのぞみて、破垣《やれがき》の内外《うちと》に今《いま》を盛《さか》りなる空地《あきち》の此方《こなた》に來《きた》りし時《とき》、少年《せうねん》は立停《たちどま》りぬ。貴女《きぢよ》はほと息《いき》つきたり。

少年《せうねん》はためらふ色《いろ》なく、流《ながれ》に俯《ふ》して、摑《つか》み來《きた》れる件《くだん》の雪《ゆき》の、炭《すみ》の粉《こ》に黒《くろ》くなれるを、その流《なが》れに浸《ひた》して洗《あら》ひつ。

掌《たなそこ》にのせてぞ透《すか》し見《み》たる。雫《しづく》ひた〳〵と滴《したゝ》りて、時《とき》の間《ま》に消《き》え失《う》する雪《ゆき》は、はや豆粒《まめつぶ》のやゝ大《おほい》なるばかりとなりしが、水晶《すゐしやう》の如《ごと》く透《す》きとほりて、一點《いつてん》の汚《けがれ》もあらずなれり。

少年に手を引かれて、やがて、一本の桐の青葉が茂った木陰《こかげ》に、小川が流れ、その傍に紫陽花が、破れた垣の内と外に今を盛りと咲いている空地まで来た時、少年は立停り。貴女はほっと一息ついた。

少年はためらうようすもなく、小川の流れにうつ伏せになると、掴《つか》んで来た、炭の粉に黒くなった氷を、その流れに浸して洗ったのだ。

その氷を掌《てのひら》にのせて透かしてみた。雫はしたしたと滴《したた》って、見る間に溶けてゆ

【原文】

きつと見《み》て、「これでいゝかえ。」といふ聲《こゑ》ふるへぬ。

貴女《きぢよ》は蒼《あを》く成《な》りたり。後馳《おくれば》せに追續《おひつゞ》ける腰元《こしもと》の、一目見《ひとめみ》

【現代語訳】

く、氷はもう豆粒のやや大きいぐらいの大きさとなってしまったが、まるで水晶のように透きとおって、少しの汚れもなくなった。

少年は貴女の方をきっと見て、「これでいいだろう」という声はふるえていた。

その時（急に）貴女の顔色は蒼白になった。【さっき胸を押さえていた心臓発

るより色《いろ》を變《か》へて、横様《よこさま》にしつかと抱《いだ》く。其《そ》の膝《ひざ》に倒《たふ》れかゝりつ、片手《かたて》をひしと胸《むね》にあてて。

「あ。」とくひしばりて、苦《くる》しげに空《そら》をあふげる、脣《くちびる》の色青《いろあを》く、鐵漿《かね》つけたる前齒《まへば》動《うご》き、地《ち》に手《て》をつきて、草《くさ》に縋《すが》れる眞白《ましろ》き指《ゆび》のさきわなゝきぬ。

はツとばかり胸《むね》をうちて瞻《みまも》るひまに衰《おとろ》へゆく。

「御前様《ごぜんさま》——御前様《ごぜんさま》。」

腰元《こしもと》は泣聲《なきごゑ》たてぬ。

「しづかに。」

幽《かすか》なる聲《こゑ》をかけて、

「堪忍《かんにん》おし、坊《ばう》や、坊《ばう》や。」とのみ、言《い》ふ聲《こゑ》も絶《た》え入《い》りぬ。

作がここで起こったと思われる。】

その時おくればせに後を追ってきた腰元が、この様子を一目見るより顔色を変えて、（倒れかかる貴女を）しっかりと抱きかかえる。その膝に貴女は片手を強く胸に当てながら倒れ掛かったのである。

「あ。」と歯を食いしばって、苦しそうに空を仰いだ。唇の色は真っ青になり、お歯黒に染めた前歯が動き、地に手をついて、苦しげに草を掴《つか》んだ真っ白い指の先がわなないた。

はっとばかり（苦しそうに）胸を叩い

【原文】

【現代語訳】

て、（腰元が）見守るうちに衰えて行く。

「御前様―御前様。」

腰元は泣き声をあげた。

（貴女は腰元に）「しずかに。」

かすかな声をかけて（少し離れた少年に向かって）、

「許しておくれ、坊や、坊や。」と云った声も終わりの方は消えてしまった。

呆《あき》れし少年《せうねん》の縋《すが》り着《つ》きて、いまは雫《しづく》ばかりなる氷《こほり》を其口《そのくち》に齎《もたら》しつ。腰《こし》元腕《もとかひな》をゆるめたれば貴女《きぢよ》の顔《かほ》のけざまに、うつとりと目《め》を睜《みひら》き、胸《むね》をおしたる手《て》を放《はな》ちて、少年《せうねん》の肩《かた》を抱《いだ》きつゝ、ぢつと見《み》てうなづくはしに、がつくりと咽喉《のど》に通《とほ》りて、桐《きり》の葉越《はごし》の日影《ひかげ》薄《うす》く、紫陽花《あぢさゐ》の色《いろ》、淋《さび》しき其笑顔《そのゑがほ》にうつりぬ。

驚いた少年がすがりついて、もう雫ばかりになってしまった氷を貴女の口に含ませた。腰元が支えていた腕をゆるめたので、貴女は後ろに倒れ、うっとりと目を開いて、（それまで）胸に当てていた手を離して、少年の肩を抱きながら、その顔をじっと見て（満足そうに）うなづくとき、がっくりと首を後ろへのけぞらせると、そのはずみに（氷水は）のどを通っていき、桐の葉越しの日影に薄く照らされた、紫陽花の色は（貴女の）淋しいその白い笑顔に映ったのである。

語りのポイント…「紫陽花《あじさい》」

さて、この「紫陽花」をどう音表してゆけばよいか。その手掛かりとするために、まず全文を、前の「蓑谷《みのだに》」のときのように、段落（起承転結）に分けてみましょう。この段落は、先述のように、行の始まりを一字下げて記すやり方ではなく、作品の展開と流れを理解するために分けるものです。

この作品はその展開によって十二の段落に分けられると思います。ところが、これを例によって起承転結に含めて分けようとするとき、私たちは一つの問題につき当たります。

それは、初めの段落「色青く光ある蛇～」についてです。

これはどう考えても作品の流れからは離れたもので、とても全体の「起」の部分とは云い難い。思うに、これは鏡花の怪奇趣味の表れで、他の作品にも例えば「五の君」などには、作品の舞台となるお寺の描写の冒頭に次の様な一節があります。

〝今もなほ朽《く》ちず、高崇寺《こうすうじ》の門は其門《そのかんぬき》に帯《おび》を釣りて縊《くび》れ死したる老人ありしを以《も》て、縣下に聞えたり。〟

このようにおどろおどろしく始まりながら、別にこの老人は、物語に登場する「老人」とは何の関係もなく、この書き出しは単なる鏡花の趣向に過ぎなく思われます。他にもまだ例はあり、この「紫陽花」の書き出しも、本篇の筋とは何ら関係ない、いわば序文のようなものと考えたほうが良さそうです。

従ってこれは起承転結には入れず、次に続く文から段落を考えてゆきたいと思います。

◆起の部◆

段落①　ちかきころ水無月中旬《みなつきなかば》、〜

暑い日盛りの中を、一人の少年が重い氷を天秤棒にかついでやって来ると、社の前に来て立ち止まった。

段落②　蚯蚓《みみず》の骸《むくろ》の干乾《ひから》びて〜

その場所が如何に暑いかを、ひからびたみみずの死骸や、石にへばりついた黒いとんぼによって表わそうとする。「蓑谷」において、お堂や地蔵尊が森の中の不気味さを強調していたように、ここではこの炎暑の描写が氷が溶ける必然性を強調している。

◆承の部◆

段落③　かゝる時《とき》、社の裏《うら》の木蔭《こかげ》より〜

その時、貴女と腰元が来かゝり、貴女は少年に氷を求めたので、少年は応じる。

段落④　雫落《しづくお》ちて、雪の塊は氷室より切出したるまゝ〜

少年の貴女に差し出した氷は真黒だったので、貴女は驚き、少年はあわてる。

段落⑤　あきなひに出《い》づる時《とき》、繼母《ままはは》の心なく〜

母親の不注意から炭の粉のついたまゝの鋸を持たされて来た少年は、それを知らぬまゝに何回氷を引いても黒くなるばかりで、とうとう残り少なになってしまった。

段落⑥　貴女《きじょ》は身動《みじろ》きもせず、〜

貴女はそれを冷たく見守り、腰元のとりなしにも応じようとしないので、少年は涙ぐみ、砕けた氷が水になって地面に吸われてゆくのを悲しそうに見つめるのみである。

段落⑦「さ、おくれよ。いゝのを、いゝのを。」と貴女《きじょ》は急込《せきこ》みてうながしたり。〜

貴女が強くうながすので、少年は遂にヤケになって鋸を捨て、両手で氷をすくって貴女にさし出した。

◆転の部◆

段落⑧　流《なが》るゝ如《ごと》き瞳《ひとみ》動《うご》きて、雪《ゆき》と少年《しょうねん》の面《おもて》を、貴女《きじょ》は屹《きつ》とみつめしが、〜

遂に苛立った貴女は氷を払いのけたので氷は砕け、少年はそれを摑んだ瞬間、顔を上気させると、貴女の手を摑んで引き立てた。

段落⑨　腰元《こしもと》のあれよと見《み》るに、貴女《きじょ》の裾《すそ》、袂《たもと》、はら〱と、〜

腰元が驚くうちに、貴女は少年に引かれて悲鳴をあげたので、彼女は中に割って入って少年を叱りつけたが、貴女は反《かえ》ってこれを止め、苦しい胸を押さえながらも、少年に引かれるままに歩き出し、歩きにくいのか、穿物《はきもの》を脱ぎ棄てた。

◆結の部◆

段落⑩　引《ひ》かれて、やがて蔭《かげ》ある處《ところ》、〜

姫が少年に手を引かれて、桐の木蔭に小川が流れ、壊れた垣に紫陽花が咲いている空地に迄来《まで》た時、少年は立止まり、腹ばいになって黒くなった氷を小川で洗うと、きれいになった氷を確かめ、きっとして、貴女に声を掛けた。

段落⑪　貴女《きじょ》は蒼《あお》く成《な》りたり。〜

突然貴女の顔が蒼白となったので、後れ馳せに駆けつけた腰元は驚いて抱き抱え、貴女は見るまにおとろえてゆく。泣き声を上げる腰元を貴女は静かにたしなめると、少年に向かって「許しておくれ」と声を掛けるが、その声は弱々しく消えていった。

段落⑫　呆《あき》れし少年《しょうねん》の縋《すが》り着《つ》きて、〜

驚いた少年が貴女に縋《すが》りつき、雫ばかりになった氷を口もとへ持ってゆく。腰元は腕をゆるめ、貴女は胸を押さえていた手で少年の肩を抱き、その顔を見てうなずく拍子にがっくりと首を後ろへのけぞらせ、その時氷水は貴女の喉を通ってゆき、淋しく笑う白い顔に紫陽花の色は映ったのである。

以上、段落に分けて現代語訳をしてきましたが、このような文にすると、分かりやすくはなっても、まるで味も素っ気もない感じになってしまったことがお分かりになったことと思います。

ということは、つまり鏡花の文体がいかに音楽的なリズムのある格調に満ちたものであるかということを証明することにもなるわけですが、これを語るには、それにふさわしい音表技術が必要となります。といっても別に独得の業をいうのではなく、文を正しく読解することによって、それは自ずと適切な転調、「間」、イントネーション（高低）を生み出し、格調を作り出してゆくことになるのです。

では、段落ごとにそれを考えてゆきましょう。

紫陽花《あじさい》

原文

※①、②などの丸付き数字は語りのポイントで説明した段落を示す。

序

色青《いろあを》く光《ひかり》ある蛇《へび》、おびたゞしく棲《す》めればとて、里人《さとびと》は近《ちか》よらず。其野社《そののやしろ》は、片眼《かため》の盲《し》ひたる翁《おきな》ありて、昔《むかし》より齊眉《かしづ》けり。其片眼《そのかため》を失《うしな》ひし時一《ときひと》たび見《み》たりと言《い》ふ、几帳《きちやう》の蔭《かげ》に黒髪《くろかみ》のたけなりし、それぞ神《かみ》なるべき。

①

ちかきころ水無月中旬《みなつきなかば》、二十日餘《はつかあま》り照《て》り續《つゞ》きたる、けふ日《ひ》ざかりの、鼓子花《ひるがほ》さへ草《くさ》いきれに色褪《いろあ》せて、砂《すな》も、石《いし》も、きら〱と光《ひかり》を帯《お》びて、松《まつ》の老木《おいき》の梢《こずゑ》より、絲《いと》を亂《みだ》せる如《ごと》き薄《うす》き煙《けむり》の立《た》ちのぼるは、木精《こだま》とか言《い》ふものならむ。おぼろ〱

〈118ページへ続く〉

解説

序

初めに述べたように、この部分は内容とは全く関係のないものですが、奇怪な感じは表現すべきでしょう。但し「怪談」ではないので、あまり過剰にならないように注意しましょう。

①

「二十日余り照り続きたる〜」から「〜眼もあてられざる野の細道を」までは、激しい炎天の暑さを、「草いきれ」「きらきらとした光」「松の梢から立ちのぼる木精」などを使って表わそうとしているこれらのキーワードともいうべきことばを大切に立てて（やや高く）音表しなければなりません。「細道を」の「を」をぴしりと止めることにより、次に続く、「十歳ばかりの美少年の」以下の少年の姿を浮かび上がらせることになります。

「氷や、氷や。」の呼び声は間隔を空けて、遠くへ呼び掛けるように、でも余り大声にならぬように注意しましょう。そして「ふらゝこの如くはずみて揺れつ」は、一段と声を高めて音表すべきでしょう。

〈119ページへ続く〉

原文

と霞《かす》むまで、暑《あつ》き日《ひ》の靜《しづか》さは夜半《よは》にも増《ま》して、眼《め》もあてられざる野《の》の細道《ほそみち》を、十歳《とを》ばかりの美少年《びせうねん》の、尻《しり》を端折《はしを》り、竹《たけ》の子笠《こがさ》被《かぶ》りたるが、跣足《はだし》にて、

「氷《こほり》や、氷《こほり》や。」

と呼《よ》びもて來《き》つ。其《それ》より市《まち》に行《ゆ》かんとするなり。氷《こほり》は筵《むしろ》包《づつみ》にして天秤《てんびん》に釣《つる》したる、其片端《そのかたはし》には、手《て》ごろの石《いし》を藁繩《わらなは》もて結《むす》びかけしが、重《おも》きもの荷《にな》ひたる、力《ちから》なき身體《からだ》のよろめく毎《ごと》に、石《いし》は、ふらゝこの如《ごと》くはずみて搖《ゆ》れつ。

とかうして、此《こ》の社《やしろ》の前《まへ》に來《きた》りし時《とき》、太《ふと》き息《いき》つきて立停《たちどま》りぬ。

笠《かさ》は目深《まぶか》に被《かぶ》りたれど、日《ひ》の光《ひかり》は遮《さへぎ》らで、白《しろ》き頸《うなじ》も赤《あか》らみ

〈120ページへ続く〉

解説

尚、「ふらゝこの如く」の「ふらゝこ」は鏡花の誤用で、ポルトガル語で「フラココ」（ブランコ）のことです。

「とかうして」で、はっきりと転調して、「此の社の前に」から客観的音表に切り換えます。

そして最後の行は再び、少年の暑さにさいなまれる姿を、「遮《さえぎ》らで」や「赤らみたる」「暑かりけむ」を強調することによって表わします。


〈121ページへ続く〉

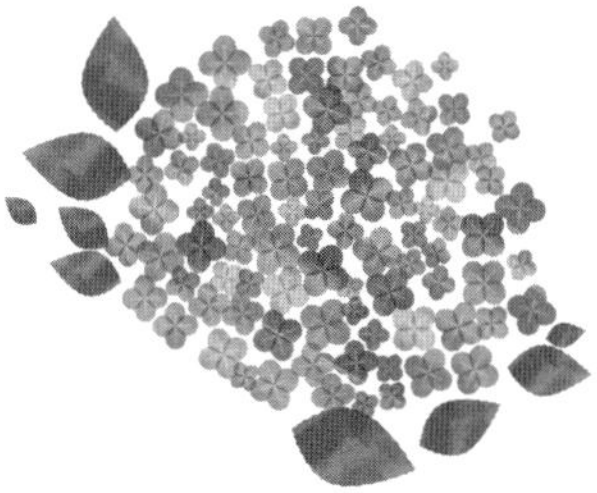

原文

たる、渠《かれ》はいかに暑《あつ》かりけむ。

②

蚯蚓《みゝず》の骸《むくろ》の干乾《ひから》びて、色黒《いろくろ》く成《な》りたるが、なかばなま〳〵しく、心《こゝろ》ばかり蠢《うごめ》くに、赤《あか》き蟻《あり》の群《むらが》りて湧《わ》くが如《ごと》く働《はたら》くのみ、葉末《はずゑ》の揺《ゆ》るゝ風《かぜ》もあらで、平《ひら》たき焼石《やけいし》の上《うへ》に何《なん》とか言《い》ふ、尾《を》の尖《さき》の少《すこ》し黒《くろ》き蜻蛉《とんぼ》の、ひたと居《ゐ》て動《うご》きもせざりき。

③

かゝる時《とき》、社《やしろ》の裏《うら》の木蔭《こかげ》より婦人《をんな》二人《ふたり》出《い》で來《きた》れり。一人《ひとり》は涼傘《ひがさ》疊《たゝ》み持《も》ちて、細《ほそ》き手《て》に杖《つゑ》としたる、いま一人《ひとり》は、それより年少《としわか》きが、伸上《のびあが》るやうにして、背後《うしろ》より傘《かさ》さしかけつ。

〈122ページへ続く〉

解説

②
この段落は①と同じく暑熱の激しさを描写しています。その象徴となる「蚯蚓《みみず》の骸《むくろ》」や「尾の尖《さき》の少し黒き蜻蛉《とんぼ》」はもちろん立てなければなりませんが、その他に、「心ばかり蠢《うごめ》く」や「風もあらで」「ひたと居て」など静かさを表わすことばの**静の表現**もまた大切です。

③
「かゝる時」は高く転調して出ましょう。「婦人《おんな》二人」「二人は」「いま一人は」「腰元なるべし」はすべて高く。こういう音表の仕方を**とりたて**といいますが、くれぐれも強くせずに、高く**二音上げ**＊で表現しましょう。
［二音上げについては後ろで詳述します。］
次に貴女の顔のアップとなりますが、青い絹の傘を通った日射しが眉のあたりに青い影を作っているのと、黒髪にさしたかんざしとも思われるきらめきの一つはあざやかなポイントとなるので、この音表は大切です。
そして「怪しと美少年の見返る時」の「怪し」ですが、これは現代語の「怪

〈123ページへ続く〉

原文

腰元《こしもと》なるべし。

丈高《たけたか》き貴女《きぢよ》のつむりは、傘《かさ》のうらに支《つか》ふるばかり、青《あを》き絹《きぬ》の裏《うら》、眉《まゆ》のあたりに影《かげ》をこめて、くらく光《ひか》るものあり、黒髪《くろかみ》にきらめきぬ。

怪《あや》しと美少年《びせうねん》の見返《みかへ》る時《とき》、彼《か》の貴女《きぢよ》、腰元《こしもと》を顧《かへり》みしが、やがて此方《こなた》に向《むか》ひて、

「あの、少《すこ》しばかり。」

暑《あつ》さと、疲労《つかれ》とに、少年《せうねん》はものも言《い》ひあへず、纔《わづか》に頷《うなづ》きて、筵《むしろ》を解《と》きて、笹《さゝ》の葉《は》の濡《ぬ》れたるをざわ〳〵と掻分《かきわ》けつ。

〈124ページへ続く〉

解説

しい」という意味ではなく「不思議に思って」ぐらいの意味ですから、あまり重くならないように軽く読みましょう。次に貴女の「あの、少しばかり」は、あくまで上から目線で、頼み口調にならないように。

［用語解説］

二音上げ…語句の二番目の音から高く上げて読むことにより、その語全体を際立てる手法を言う。

オ「ンナフタリ　ヒ「ト」リワ　イ「マヒト」リワ　コ「シモトナ」ルベシ

これはアクセント辞典の表記をご覧になればお分かりになると思いますが、共通語においては、すべてのことばがこうなるのが普通です。但し、その語が語頭にある場合と、強調（とりたて）される以外ははっきりとしないので、余り気付かれてはいないのです。

〈125ページへ続く〉

原文

④

雫落《しづくお》ちて、雪《ゆき》の塊《かたまり》は氷室《ひむろ》より切出《きりだ》したるまゝ、未《いま》だ角《かど》も失《う》せざりき。其一角《そのひとすみ》をば、鋸《のこぎり》もて切取《きりと》りて、いざとて振向《ふりむ》く。睫《まつげ》に額《ひたひ》の汗《あせ》つたひたるに、手《て》の塞《ふさ》がりたれば、拭《ぬぐ》ひもあへで眼《め》を塞《ふさ》ぎつ。貴女《きぢよ》の手《て》に捧《さゝ》げたる雪《ゆき》の色《いろ》は眞黑《まつくろ》なりき。

「この雪《ゆき》は、何《ど》うしたの。」

美少年《びせうねん》はものをも言《い》はで、直《たゞ》ちに鋸《のこぎり》の刃《は》を返《かへ》して、さら〳〵と削《けづ》り落《おと》すに、粉《こな》はばら〳〵とあたりに散《ち》り、ぢ、ぢ、と蟬《せみ》の鳴《な》きやむ音《おと》して、燒砂《やけすな》に煮《に》え込《こ》みたり。

〈126ページへ続く〉

解説

④　ここは始めからテンポ早く、最後の「眞黒なりき」は高く（強く）はっきりと。

「この雪は、何《ど》うしたの。」は驚いたのにはちがいないが、喉の渇いている貴女としては、「これは何なの」という怒りの声として、語尾の「の」は高くはね上げるべきでしょう。「ぢ、ぢ、」は蝉の声というよりも、**「じゅ、じゅ、」***という感じを想像しましょう。

［用語解説］

「じゅ、じゅ、」…「じゅ、じゅ、」のようなことばを擬音語といいます。音をことばに置きかえたいわば音まね語ですが、声をことばにした擬声語（声まね語）、状態をことばにした擬態語（様《さま》まね語）をも含めて**オノマトペ**といいます。

次にその例を挙げてみましょう。

〈127ページへ続く〉

原文

⑤

あきなひに出《い》づる時《とき》、繼母《まゝはゝ》の心《こゝろ》なく嘗《かつ》て炭《すみ》を挽《ひ》きしまゝなる鋸《のこぎり》を持《も》たせしなれば、さは雪《ゆき》の色《いろ》づくを、少年《せうねん》は然《さ》りとも知《し》らで、削《けづ》り落《おと》し拂《はら》ふまゝに、雪《ゆき》の量《りやう》は掌《たなそこ》に小《ちひ》さくなりぬ。別《べつ》に新《あたら》しきを進《すゝ》めたる、其《それ》もまた黒《くろ》かりき。貴女《きぢよ》は手《て》をだに觸《ふ》れむとせで、

「きれいなのでなくつては。」

と靜《しづか》にかぶりをふりつゝいふ。

「えゝ。」と少年《せうねん》は力《ちから》を籠《こ》めて、ざら〳〵とぞ掻《か》いたりける。雪《ゆき》は崩《くづ》れ落《お》ちて砂《すな》にまぶれつ。

澁々《しぶ〳〵》捨《す》てて、新《あたら》しきを、また別《べつ》なるを、更《さら》に幾度《いくたび》か挽《ひ》いたれど、鋸《のこぎり》につきたる炭《すみ》の粉《こ》の、其都度《そのつど》雪《ゆき》を汚《けが》しつゝ、はや殘《のこ》

〈128ページへ続く〉

解説

●オノマトペの種類

擬声語（動物の声など）

ワンワン（犬）、ニャーニャー（猫）、ピーチク（ひばり）、ガオー（ライオン）、エーンエーン（赤ん坊）　など

擬音語

ガタ、ゴトン、カーン、ピシッ、ブー、ゴロゴロ　など

擬態語

いそいそ、のそのそ、びくびく、ふわふわ、はっと（する）、きっと（見る）、つるっと（すべる）　など

⑤　この部分は、なぜ氷が黒くなるのかをゆっくり説明しなければなりません。キーワードは「さは雪の色づくを」と「然《さ》りとも知らで」で、ここは少し高めに音表しましょう。

〈129ページへ続く〉

原文

り少《すく》なに成《な》りて、笹《さゝ》の葉《は》に蔽《おほ》はれぬ。

⑥

貴女《きぢょ》は身動《みじろ》きもせず、瞳《ひとみ》をすゑて、冷《ひや》ゝかに瞻《みま》もりたり。少年《せうねん》は便《たより》なげに、

「お母様《つかさん》に叱《しか》られら。お母様《つかさん》に叱《しか》られら。」

と訴《うった》ふるが如《ごと》く呟《つぶや》きたれど、耳《みゝ》にもかけざる状《さま》したりき。

附添《つきそ》ひたる腰元《こしもと》は、笑止《せうし》と思《おも》ひ、

「まあ、何《ど》うしたと言《い》ふのだね、お前《まへ》、變《へん》ぢやないか。いけないね。」

とたしなめながら、

〈130ページへ続く〉

解説

⑥

貴女の対応は、ここは一旦落ち着いて。それに対する少年のあせりとの対比を出すことが重要です。それがピークに達するのは、少年の「お母様《つかさん》に叱られら」と、貴女の「耳にもかけざる状《さま》したりき」です。前者は上ずって高く口早に、後者は反対に低くゆっくりと音表して、はっきりとちがいを強調すべきでしょう。

ここで大切な役は腰元で、この事態を笑止（おかしい）と思いながらも、少年を可哀そうに思って、貴女にとりなそうという気持ちをはっきりと表現しなければなりません。

ここでちょっと説明しておきたいのは、⑤にある「嘗《かつ》て炭を挽《ひ》きしまゝなる鋸《のこぎり》」のことばです。

これは当時の（いまもこの仕来りを続けているところもあるようですが）商売の仕組みから来るもので、氷屋は大てい冬には炭を商っていたので、その炭を挽いたままよく洗いもせずに放っておいた鋸《のこぎり》を、不注意にも少年に持たせて

〈131ページへ続く〉

原文

「可哀《かはい》さうでございますから、あの……」と取做《とりな》すが如《ごと》くにいふ。

「いゝえ。」

と、にべもなく言《い》ひすてて、袖《そで》も動《うご》かさで立《た》ちたりき。少《せう》年《ねん》は上目《うはめ》づかひに、腰元《こしもと》の顔《かほ》を見《み》しが、涙《なみだ》ぐみて俯《うつむ》きぬ。雪《ゆき》の砕《くだ》けて落散《おちち》りたるが、見《み》る〳〵水《みづ》になりて流《なが》れて、けぶり立《た》ちて、地《つち》の濡色《ぬれいろ》も乾《かわ》きゆくを、怨《うら》めしげに瞻《みまも》りぬ。

〈132ページへ続く〉

解説

しまった継母の心無さが、この悲劇を生んでしまったというわけなのです。

貴女の「いゝえ。」は断固とした強さが必要であり、「少年は上目づかひに、～」から「涙ぐみて俯《うつむ》きぬ。」は、反対にやるせない弱さを必要としますが、特に、少年の情けない気持ち（折角とりなしてくれた腰元を無視するような貴女の態度をうらめしく思う気持ち）の籠った「上目づかひ」は、キーワードとなります。

〈133ページへ続く〉

原文

⑦

「さ、おくれよ。いゝのを、いゝのを。」

と貴女《きぢよ》は急込《せきこ》みてうながしたり。

こたびは鋸《のこぎり》を下《した》に置《お》きて、筵《むしろ》の中《なか》に殘《のこ》りたる雪《ゆき》の塊《かたまり》を、其《その》まゝ引出《ひきいだ》して、兩手《りやうて》に載《の》せつ。

「み、みんなあげよう。」

細《ほそ》りたる聲《こゑ》に力《ちから》を籠《こ》めて突出《つきいだ》すに、一摑《ひとつか》みの風冷《かぜつめ》たく、水《する》氣《き》むら〳〵と立《た》ちのぼる。

〈134ページへ続く〉

解説

⑦

ここで遂に貴女と少年のいらだちはピークとなりますので、そのことば、特に少年の「み、みんなあげよう。」の「よう」や、⑧の段落の、貴女の「いけないッていふのに」の「に」が弱くならないように。語尾にはそのことばの意志や感情が最も強く込められなければならないからです。

また、このような会話の場合だけでなく、文章においても、語尾はともすると消えがちとなります。

その原因の第一は、読み手の息の弱さから来るものです。内向的な性格や、生理的な理由からなので、これは読み手自身の自省によって、大部分は解決します。

第二は、語尾の音が、「キ」「ク」「シ」「ツ」などの無声拍である場合で、これは後ろの母音〔i〕〔ɯ〕をしっかりと、響かせることが大切です。

〈135ページへ続く〉

原文

⑧

流《なが》るゝ如《ごと》き瞳《ひとみ》動《うご》きて、雪《ゆき》と少年《せうねん》の面《おもて》を、貴女《きぢよ》は屹《きつ》とみつめしが、

「あら、こんなぢや、いけないツていふのに。」

といまは苛《いら》てる状《さま》にて、はたとばかり掻退《かいの》けたる、雪《ゆき》は辷《すべ》り落《お》ちて、三《み》ツ四《よ》ツに砕《くだ》けたるを、少年《せうねん》のあなやと拾《ひろ》ひて、拳《こぶし》を固《かた》めて摑《つか》むと見《み》えし、血《ち》の色《いろ》颯《さつ》と頰《ほゝ》を染《そ》めて、右手《めて》に貴《き》女《ぢよ》の手《て》を扼《とりしば》り、ものをも言《い》はで引立《ひきた》てつ。

「あれ、あれ、あれえ！」

と貴女《きぢよ》は引《ひ》かれて倒《たふ》れかゝりぬ。

風一陣《かぜいちぢん》、さら〳〵と木《こ》の葉《は》を渡《わた》れり。

〈136ページへ続く〉

解説

⑧

この段落は、少年の差し出した氷を貴女がはたき落とすところから急速に高まる緊張感を畳みかけるように音表してゆかなければなりません。その飛躍するキッカケとなることばは、「三ツ四ツに砕けたるを」の「三ツ四ツに」、「少年のあなやと拾ひて」の「あなやと」、「拳を固めて摑むと見えし」の「摑むと」、「血の色颯《さつ》と～」の「颯と」、「貴女の手を扼《とりしば》り」の「扼り」、「ものをも言はで～」の「ものをも」と「引立てつ」となり、強調されるのは、「三ツ四ツに」「あなやと」「颯と」というような副詞的なことばや、「摑むと」「扼り」「引立てつ」などの動詞となります。即ちこれをまとめれば、

三ツ四ツに砕けたるを、少年のあなやと拾ひて、拳を固めて摑むと見えし、血の色颯と頬を染めて、右手に貴女の手を扼り、ものをも言はで引立てつ。

となります（傍線は高さを表わす）。

〈137ページへ続く〉

原文

⑨

腰元《こしもと》のあれよと見《み》るに、貴女《きぢよ》の裾《すそ》、袂《たもと》、はら〳〵と、柳《やなぎ》の絲《いと》を絞《しぼ》るかのやう、細腰《ほそごし》を捩《よ》りてよろめきつゝ、ふたゝび悲《かな》しき聲《こゑ》たてられしに、つと駈寄《かけよ》りて押隔《おしへだ》て、

「えゝ！　失禮《しつれい》な、これ、これ、御身分《ごみぶん》を知《し》らないか。」

貴女《きぢよ》はいき苦《ぐる》しき聲《こゑ》の下《もと》に、

「いゝから、いゝから。」

「御前《ごぜん》――」

「いゝから好《す》きにさせておやり。さ、行《ゆ》かう。」

と胸《むね》を壓《お》して、馴《な》れぬ足《あし》に、煩《わづら》はしかりけむ、穿物《はきもの》を脱《ぬ》ぎ棄《す》てつ。

〈138ページへ続く〉

解説

⑨

貴女が少年に引っぱられてゆくようすが繊細に描写されていますので、それを柔らかくテンポ早く音表したいものです。キーワードとなるのは、「はらくと」「柳の絲を」「よろめきつゝ」「悲しき聲」などでしょう。また腰元の「押隔て」は高く強く。

そして次の貴女の声が最も難しいのですが、「いゝから」の前に一寸息を止めてから、声を出す、その声は静かで弱々しいながら、厳しさを含んでいなければならないでしょうし、またその後は、息をつめてから「いゝから」と続けることになります。

腰元の「御前――」は、「そうはおっしゃいましても――」という、ちょっぴり抗議を含んだものと思われますが、あまり強くならないように。語尾は跳ね上がっても、弱くとぎれた感じでしょう。

貴女の声も決して強くはならないでしょうが、しかし、何か云いかける腰元を抑える威厳が感じられなければなりません。そして、「〜さ、行こう。」と歩

〈139ページへ続く〉

原文

⑩

引《ひ》かれて、やがて蔭《かげ》ある處《ところ》、小川《をがは》流《なが》れて一本《ひともと》の桐《きり》の青葉《あをば》茂《しげ》り、紫陽花《あぢさゐ》の花《はな》、流《ながれ》にのぞみて、破垣《やれがき》の内外《うちと》に今《いま》を盛《さか》りなる空地《あきち》の此方《こなた》に來《きた》りし時《とき》、少年《せうねん》は立停《たちどま》りぬ。貴女《きぢよ》はほと息《いき》つきたり。

少年《せうねん》はためらふ色《いろ》なく、流《ながれ》に俯《ふ》して、摑《つか》み來《きた》れる件《くだん》の雪《ゆき》の、炭《すみ》の粉《こ》に黒《くろ》くなれるを、その流《なが》れに浸《ひた》して洗《あら》ひつ。掌《たなそこ》にのせてぞ透《すか》し見《み》たる。雫《しづく》ひた〳〵と滴《した》りて、時《とき》の間《ま》に消《き》え失《う》する雪《ゆき》は、はや豆粒《まめつぶ》のやゝ大《おほい》なるばかりとなりしが、水晶《すゐしやう》の如《ごと》く透《す》きとほりて、一點《いつてん》の汚《けがれ》もあらずなれり。

きつと見《み》て、

「これでいゝかえ。」といふ聲《こゑ》ふるへぬ。

〈142ページへ続く〉

解説

き出すわけですが、このとき、後で倒れる兆候がすでに表われたのか、胸苦しくなったのでしょう。「と胸を壓《お》して」はそれを表わした語句なのだと思われますから、これを見逃してはなりません。ここははっきりと区切ってから、「馴れぬ足に〜」と続けます。

そして、「穿物《はきもの》を脱ぎ棄てつ。」は、貴女が少年の行動に何か純粋なものを感じて、それに従ってやろうとする前向きな決心の表われであり、同時に貴女が気どりを捨てて本来の人間性をとり戻した心の動きを表わした部分でもあるのですから、決然と、強く音表されるべきだと思います。

⑩

この段落で、物語はクライマックスを迎えます。その表現は鏡花体とでもいうか、流れのある文をわざとばらばらにほぐし、それを組み立てることによって独得の格調を出すことに成功しているのですが、これが鏡花文学を馴染めないものにしていることもまた否めません。

〈140ページへ続く〉

解説

従ってこれを分かりやすく音表するには、正常な流れを持った文に戻して読み取る必要があるでしょう。

まず「蔭《かげ》ある處《ところ》」は「一本《ひともと》の桐」の後ろにつながり、「青葉茂り」は更に前に置かれますから、ここは「青葉の茂った一本の桐の蔭になった處」ということになります。そこに「小川流れて」その流れの傍に破垣《やれがき》があり、そこの「内《うち》外《と》に」「紫陽花の花」が「今を盛り」と咲いているのですが、この「」でくくった語句はすべてはっきりと立てておく必要があります。これを、私はキーワードとよんでいますが、これらを飛び石的に辿ることによって、文全体のイメージがはっきりと浮かび上がることになるのです。

そこでここの音表はこうなります（傍線は高く、或いは強く読まれるべきでしょう）。

引かれて、やがて蔭ある處、小川流れて一本の桐の青葉茂り、紫陽花の
花、流にのぞみて、

破垣の内外に今を盛りなる空地の此方《こなた》に來りし時

次に少年が氷を流れで洗う場面はテンポが大切です。「少年はためらふ色なく、流れに俯して」と「摑み來《きた》れる件《くだん》の雪の、～その流れに浸して洗ひつ。」の二つに区切って読みましょう。語尾の「つ」は無声化しないように、しっかりと云い切って下さい。

「掌《たなそこ》にのせてぞ透かし見たる。」は「～ぞ」「～る」の係り結びを活かして、この二音を強く前へ突き出し、「雫ひた〱と～」から「はや豆粒のやゝ大なるばかりとなりしが、」まではテンポ早く、「水晶の如く透きとほりて、」は高くゆっくりと際立てます。

次に「一點《てん》の汚《けがれ》もあらず」「きつと見て」の二つを強く際立てるのは勿論ですが、「いふ聲ふるへぬ。」の「ぬ」が消えないように注意して下さい。

〈143ページへ続く〉

原文

⑪

貴女《きぢよ》は蒼《あを》く成《な》りたり。

後馳《おくれば》せに追續《おひつゞ》ける腰元《こしもと》の、一目見《ひとめみ》るより色《いろ》を變《か》へて、横様《よこさま》にしつかと抱《いだ》く。其《そ》の膝《ひざ》に倒《たふ》れかゝりつ、片手《かたて》をひしと胸《むね》にあてて。

「あ。」とくひしばりて、苦《くる》しげに空《そら》をあふげる、唇《くちびる》の色青《いろあを》く、鐵漿《かね》つけたる前齒《まへば》動《うご》き、地《ち》に手《て》をつきて、草《くさ》に縋《すが》れる眞《ま》白《しろ》き指《ゆび》のさきわなゝきぬ。

はツとばかり胸《むね》をうちて瞻《みま》もるひまに衰《おとろ》へゆく。

「御前様《ごぜんさま》――御前様《ごぜんさま》。」

腰元《こしもと》は泣聲《なきごゑ》たてぬ。

〈144ページへ続く〉

解説

⑪

この「貴女は蒼く成りたり。」は、急に発作が起こったものと考えられますから、前の段落の後ろに充分の「間」をとってから読んで下さい。でないと、前の少年の行為、即ち、洗った氷を差し出した少年を見て、貴女が顔色を変えたと誤解されてしまいます。ここはテンポ早く読むことによって貴女の容体の急変を表わします。続いて腰元の行動の緊迫した音表に移り、貴女の苦しみの描写へと続きますが、ここはたっぷりと語りましょう。いうまでもなく「指のさきわなゝきぬ。」の「ぬ」は消えないようにしっかりと止めて下さい（これを、語尾を置くと云います）。

「はツとばかり」はイキを出して強く、腰元の「御前様――」から「泣聲たてぬ」は、この作の中で最も高い声を必要とするところですから、思い切って出してみましょう。

〈145ページへ続く〉

原文

「しづかに。」

幽《かすか》なる聲《こゑ》をかけて、

「堪忍《かんにん》おし、坊《ばう》や、坊《ばう》や。」とのみ、言《い》ふ聲《こゑ》も絶《た》え入《い》りぬ。

⑫

呆《あき》れし少年《せうねん》の縋《すが》り着《つ》きて、いまは雫《しづく》ばかりなる氷《こほり》を其口《そのくち》に齎《もたら》しつ。腰元腕《こしもとかひな》をゆるめたれば貴女《きぢよ》の顔《かほ》のけざまに、うつとりと目《め》を睜《みひら》き、胸《むね》をおしたる手《て》を放《はな》ちて、少年《せうねん》の肩《かた》を抱《いだ》きつゝ、ぢつと見《み》てうなづくはしに、がつくりと咽喉《のど》に通《とほ》りて、桐《きり》の葉越《はごし》の日影薄《ひかげうす》く、紫陽花《あぢさゐ》の色《いろ》、淋《さび》しき其笑顔《そのゑがほ》にうつりぬ。

解説

貴女の「しづかに」は、苦しい息の下から云う声ですから、なるべく息まじりの声にして下さい。しかし腰元の泣き声を叱る毅然とした威厳がなければなりません。そして少年へ呼びかける声は、弱々しくはあっても、少し離れたところにいる少年を目探ししながらの「距離感」が必要です。

⑫

「呆れし少年の～」はテンポ早く、「いまは～」は反対にゆっくりと、そして「其口に齎《もたら》しつ」はまたテンポ早く、この微妙な緩急の切り換えが、まさに鏡花作品音表の大切なポイントとも云えるもので、これは今迄《まで》も随所に見られましたが、このクライマックスに至って最もその効果が発揮されるものとなるのです。

「腰元腕《かいな》をゆるめたれば」もまた重要です。ここは、少年と貴女の心を察した腰元が、自分もせめてもの心づかいとして抱えていた腕をゆるめるのですから、このことばにはその心が感じられなければなりません。そしてがっくりと

〈146ページへ続く〉

解説

なった貴女が、最後の力をふりしぼって少年の肩を抱くのです。貴女と少年の心が通じ合った瞬間です。「〜と目を瞬《みひら》き」「〜手を放ちて」「〜肩を抱きつゝ」の「つゝ」、「うなづくはしに」の「はしに」、など細部のことばを丁ねいに扱って下さい。

「がっくりと咽喉《のど》に通りて」はまさに鏡花的表現で、「(貴女の顔が) がっくりとなった拍子に (水となった氷が) 喉を通って」という意味が分かるように、ゆっくりと繊細に音表して下さい。そしてタイトルの「紫陽花」がここではっきりとその存在感を表わすという心憎い幕切れですが、読み手がここぞとばかりそれを音表すると、いわゆるクサい表現となってしまいますから、注意すべきです。あまり高くならないように、しかししっかりと極立てるべきでしょう。

おわりに

いまこの結びの文を書くにあたって、私の頭を去来するのは、書いたことの半分でも読んで下さった方に通じただろうかという忸怩たる思いである。

本文にも書いたように音声表現というものをことばによって伝えるということは、まさに至難の業であって、隔靴掻痒の感しきりであった。

それでもまあ、兎にも角にも出来得る限りことばを尽くして、説明を試みた積りであるが、まだまだ微妙な点までは、とうてい伝え得たとは思えない（もとよりそれを承知で始めたことではあるが)。そこで、せめては最後に当たって、云い残したことを二、三付け加えさせて頂く。

まずその一つは、鏡花はリアリズムの作家だということである。

これは、彼の扱う世界の幻想性や、そのリズミカルな文体から、つい見落とされがちであるが、彼の創作精神を貫いているものは、写実だと私は考えている。私とともに二つの作品を通過して来られた読者は納得されることだろうが、彼の描写は決して絵空事ではなく、人物の動きを繊細に辿って行っていることが分かる。しかも特徴的なのはそれが内面ではなく、外面的な描写、つまり人物の顔の表情・手足の動き・指のふるえなどによって、内面的な心の動きを感じさせようとするところにある。従って、読者即ち語り手は、相応の想像力を要求され、それが達せられた時、初めてそこに、鏡花の世界が描き出されることになる。

このように、外面から内面へ、形から心へと読み手の意識を誘い込んで行く手法は、彼が日頃から歌舞伎や日舞に親しみ、常にその人物の映像を大切にしたからだと考えられるが、第二に挙げられる特色も、やはりそれに関連がありそうである。

それは、文体が邦楽のリズムに支えられていることで、特に語句をばらばらにして再構成する手法は長唄などに見られるものだし、文から文へと移る間隙に入る間や転調は、まさに三味線の合いの手を感じさせるものである。これは幼児から洋楽のリズムに慣れ親しんできた日本の殆んどの人たちには、しっくりとしないのも当然といえよう。

鏡花を語ろうとする方は、ぜひ邦楽に趣味を持たれるよう、お勧めしたい。

三番目に心がけたいことは、映像美の表現ということである。これは何も鏡花に限らずすべての文学作品の音表に際して云えることだが、特に鏡花の文には巧みに絵画的技法が施してあることを見逃してはならない。これはいうまでもなく読解力・想像力を磨くことによって達せられよう。

以上　やや理想に傾いた嫌いはあるが、鏡花を語るに際して心得《こころう》べきことを三つ挙げさせて頂いた。

最後に、この本を著すに当たっての協力者、「子どもの未来社」の松井玉緒さん、学苑の鈴木ふみ子君に謝意を表するとともに、この小冊子が些かなりとも鏡花語りを志す方たちのお役に立つことを願って、筆を擱《お》くことにする。

二〇一九年八月　　坂井　清成

● 著者プロフィール

坂井清成（さかい・きよしげ）

1935年、神戸市に生まれる。演劇活動のかたわら、俳優、アナウンサー等への音声教育に従事。1961年に音声表現学苑を創設。朗読（語り）・アクセント・せりふを三本柱とする教育に携わっている。行政や自主グループの要請による出張指導や講演を行うほか、他の集団の発表会・公演の指導・演出も手掛ける。学苑付属「朗読集団 ひびき」公演の構成・演出を担当するかたわら、付属のスタジオ「スペィス ひびき」で毎月朗読会を催し指導・出演している。主な著書に、『朗読入門（正・続）』『もの読む術』『共通語アクセント読本（上・下）』（いずれも三恵出版）、『表現する ときめきとよろこびを～「朗読」から「語り」へ～』（子どもの未来社）がある。

音声表現学苑

〒169－0075 東京都新宿区高田馬場４－11－13　アート第一ビル２Ａ

鏡花を語り彩る

蓑谷紫陽花

2019年９月12日　第１刷印刷
2019年９月12日　第１刷発行

著　者　坂井清成
発行者　奥川　隆
発行所　子どもの未来社
〒113-0033 東京都文京区本郷3-26-1-4Ｆ
電話03-3830-0027　FAX 03-3830-0028
E-mail：co-mirai@f8.dion.ne.jp
http://comirai.shop12.makeshop.jp/
印刷・製本　精興社

2019 Printed in Japan ISBN978-4-86412-152-1　C0037